U0060549

Psychology

Psychology

我想陪你 好好聊傷

人氣諮商心理師的 15 個療癒對話練習

《高敏感是種天賦》百萬暢銷作者
伊麗絲・桑德 Ilse Sand———著　邱思華———譯

HELP FOR YOUR NEAREST PEOPLE

How to support with conversations that help

目錄。

CONTENTS

Part 02

助人者可能的挑戰與困境

眞情推薦

當身邊的人情緒低潮、失落沮喪時，作爲朋友、家人的我們，往往也會被無力感籠罩，不曉得如何幫忙，也擔心自己說錯話。作者在書中介紹許多心理師會使用的技術與態度，很具體地提供指引和示範，幫助讀者了解如何陪伴身邊需要支持、引導的重要他人！

——**石瀝新**，諮商心理師、情緒取向伴侶治療認證心理師

助人離苦得樂，是人天生的悲憫與利他。但很多時候，我們有心助人，卻又擔心說錯話、用錯方法。如果你身爲家人、老師、朋友，想知道該怎麼陪伴或安慰受苦的心靈，書中有許多可以學以致用的例句。它也是新手助人工作者的隨身錦囊，

不至於在面對個案時啞口無言。「非專業人士，也別怯於助人！」期待有更多人能夠運用這些基本的助人技巧，成爲彼此心靈的防護網。

——**林維君**，臨床心理師、台灣臨床心理學會大眾教育與公共事務委員會主委

「我的朋友……，我要怎麼幫助他？」這樣的問句我常聽到，也常浮現擔憂。我的擔憂是，各種心理困境對我自己依然是個挑戰，我也並非全才，更明白好心也會辦壞事。有時過於熱心助人，不一定眞的能幫到對方，甚至連助人者自己都可能因此而困擾。有了這本書，我的擔憂得以稍稍緩解，這本書可以直接推薦給大家，它不僅教導如何有效提供幫助，也提醒我們在助人過程中可能遭遇的困境。期待這本書上市，也祝福助人者，能同時自利利他。

——**洪仲清**，臨床心理師

如果有人找你傾訴痛苦，你想幫忙卻不知該怎麼辦。或是幫忙後，發現對方沒有進展，常常產生無力感。我想邀請你翻開這本書，除了開展對話、回應的應對進

退、多種助人方法外。更重要的是懂得照顧自己，不被對方的痛苦拖垮！

——**張忘形**，溝通表達培訓師

我們都想幫助人，尤其是自己所愛所在乎的人，但是幫助人也是一門專業，需要透過學習才能給予更好的支持與安慰。這是一本教會我們如何療傷與聊傷的工具書，願我們都能成爲自己與別人的天使，而這本書就是光環。

——**鄭俊德**，「閱讀人」社群主編

幫讀者做幾個重點整理：留心羞愧感的來源，留心個人守則是否太嚴苛，留心我們是否太想幫助眼前的人。檢視這三點會協助我們解決絕大多數的困擾。也務必珍惜身邊讀這本書的朋友，他們通常有顆溫柔的心。

——**鐘穎**，心理學作家、「愛智者書窩」版主

推薦序

從平凡對話中，創造不凡的助力

李家雯（海蒂）

「心理師！我應該怎麼陪伴我正在受苦的孩子／學生呢？到底要怎麼對他們說，才能既不傷害到他們，又能讓他們感受到關懷？」每每進行講座時，總有許多家長與老師這樣問我。然而，有效的陪伴對話技巧雖然至關重要，卻絕非是用三言兩語就能清楚交代的。

因此，當我知道《我想陪你好好聊傷》這本書即將出版時，內心真是感動又開心。終於有一本書能夠協助第一線的老師、家長們，讓大家知道要如何「好好陪伴孩子，好好聊傷」了！這本書，將是一個寶貴的工具箱，讓讀者們學會在平凡的對話中，擁有不凡的支持能力。針對那些未必接受過專業諮商技巧的校園老師、家長，以及一般大眾們，提供了實用的指南，使人能更有效地進行療傷的對話。

這本書關注一個極為重要的核心理念，那即是：要進行友善且不帶批判性的對話，我們「怎麼說」，往往比我們「說什麼」更為關鍵，特別是對那些正處於脆弱狀態的人們而言。我非常喜歡作者開宗明義地提醒讀者：本書試著將心理諮商與治療中常用的對話技巧，應用在諮商室以外的情境，但絕不是要取代日常生活中的對話。這本書的目標是確保每位想要伸出援手的人，在對話中都能夠避免誤觸地雷，造成非意圖的傷害。讓我們同理他人的能力，成為真正的助力，而不落入同情或濫情。

同時，這本書不僅專注於教導陪伴者們該如何提供幫助，也關注著「陪伴者們」自身的狀態。面對陷入脆弱處境的人，其周遭的「支持角色」往往也感到脆弱無助，想幫卻不知該如何幫，想說話又怕說錯話，而這本書提供了讀者們一個更清晰的角度，讓人反思陪伴的真諦，理解陪伴的價值不僅在於單方面的給予，更在於幫助者與被幫助者雙方之間的平衡與共好。有效的幫助，永遠都應當放在合適的位置。

在我們的校園、家庭和生活中，每個人都需要學習如何「好好陪伴，好好聊傷」。因為無論你是老師、家長，或一般大眾，我們都會遇到正在脆弱困境中的人，而我們都有能力成為他的重要支持，但也不能顧此失彼，失衡了自己本來的位置。當我們真正把對話的重量放在對的位置上，就有機會有效地接住正在墜落的他人，讓每一位需要幫助的人都能夠找到真正的安慰，也讓每一位想提供幫助的人都獲得安心的指引。

（本文作者為諮商心理師，著有《你在煩惱什麼呢？》《時光洗衣舖》等書。）

推薦序

拯救者與助人者是不同的

陳雪如 Ashley

我記得，在一次朋友聚會中，其中一位女性朋友，鼓起勇氣跟我們分享她與男友的故事。這愛情故事可說是一點也不浪漫，而是非常恐怖。很顯然地，這好女孩，應該離開此男人，她的人生才會更美好。

於是，大家七嘴八舌地，要「諮商」這位朋友。

朋友A：「妳這麼好，他配不上妳。妳為什麼不離開？妳不相信自己是夠好的嗎？妳要相信自己的價值阿！」

朋友B：「是阿，我們要斷捨離身邊不好的人事物，加油！妳一定可以的！」

在場唯一一位有國家認證諮商心理師執照的我，反而保持沉默，沒有提出任何建議。

女孩心裡難道不知道她男友不好嗎？但實際狀況就是女孩目前仍無法離開這男孩。

這個女孩需要的，是別人能夠理解她為何在愛情中受苦卻不願離開，看到她的苦，安慰她、同理她，而不是站在一個高高在上的位置，試圖證明她錯得離譜，暗示她受苦是自找的、起身離開這段關係就不會受苦了。

這就是拯救者跟助人者的差別。

拯救者讓我們認為自己是強者，要幫助弱者。這樣的幫助，是在滿足自己的需求，還是真的在幫助對方？

在心理學中，「拯救者」很容易變成「迫害者」，接著，再變成「受害者」。故事很可能這樣發展：拯救者一開始都還算溫柔有耐心地傾聽，循循善誘地鼓勵女孩離開男孩；而即便女孩不喜歡拯救者給的建議，但因為需要有人傾聽，所以仍會去訴苦，結果形成兩人各說各話，實則沒什麼交集、共識的狀態。

而拯救者聽久了，不耐煩了，開始轉變為迫害者，試圖用各種行動，激勵女孩分手。最後卻發現，女孩只想訴苦，但就是不想分手拯救自己。女孩也逐漸不想找對方分享心事了，因為拯救者已經變成迫害者，要求當事人除非願意改變了，不然別聊了！

女孩很受傷，兩人友誼關係決裂。這時迫害者成為受害者，失去一位朋友，甚至被雙方的共同好友面質「你們為什麼決裂」，然後被大家評論、檢討自己的作為，感到滿腹委屈與憤怒。

無論是拯救者、迫害者、受害者，都是踏入了某種心理遊戲的角色中。而破解心理遊戲的唯一方法，是一開始就不要去當拯救者。事實上，比起當解決問題的英雄，更難的是一起待在困境與無助中，靜靜陪伴著對方，看見對方的黑暗與醜陋，以及隨之而生的韌性與美麗。

《高敏感是種天賦》暢銷天后伊麗絲・桑德在她的全新力作《我想好好陪你聊傷》中，除了用案例方式，示範許多助人技巧外，更花了不少篇幅，強調助人的心理界線，例如第四章「如何拿捏助人的積極度？」、第十二章「你會不會幫過頭了？」、第十三章「拒絕，也是一種選擇」、第十四章「不用親自介入，也能提供幫助」；並在最後一章，溫柔的提醒讀者「記得照顧你自己」。

這是專業與不專業助人者的差別。不是有能力、技巧就能幫助人。過度的幫助，甚至會變成一種指責跟壓力，造成他人的傷害。學習正確助人的技巧與心法，才不會明明是好意，卻被對方討厭。讓「善」的力量，用正確的方式，生生不息傳遞下去。

（本文作者為諮商心理師、作家、講師。）

譯者序

不只陪親友聊傷，也陪自己聊傷

邱思華

在心理師執業的道路上，聽過不少人認為心理師的工作很好做，只要聊天就好了。事實上，心理師工作的珍貴之處，在於能給出不帶評價且全神貫注的傾聽，並於適切的時刻給出具有意義、協助心靈成長的回應。

每個人都有想被看見、被了解的需求，內在也都有療癒自己的力量，然而當情緒太滿時，會占據過多心理資源，致使一切停擺。此時，若是能被用心陪伴、聆聽、理解、支持，讓情緒獲得安撫與緩解，內在的療癒力就有機會被啟動。

你是否曾有過這樣的經驗：你很在意的人遇到了困難，心情很差，你試圖讓他感覺好過一點，於是叫他別想太多，積極地給出建議希望幫他解決問題，結果狀況不但沒有好轉，反而還起了衝突。他覺得你不願理解他；你覺得他冥頑不靈、活該受苦，最後雙方皆變得挫折沮喪，關係的親密度也受到影響。

但你明明是想為他好、想成為那個可以幫上忙的人。

請先記得，你的存在很重要，尤其是你想為對方做些什麼的心意，更是無價。你只是需要不同的裝備來協助自己成為那個「可以陪他聊傷的人」。

並不是只有心理師才能成為一個夠好的陪伴者與聆聽者，每個人都有潛力做到這件事。即使是正在進行個別諮商的個案，每周也頂多與心理師見面一至兩個小時，多數時間都是在諮商室外度過，重要他人的支持可說是協助他度過難關的養分。這也是何以當我剛拿到本書的原文稿時，忍不住邊翻閱邊大喊：「天吶，世界太需要這本書了！」

如果你想學習如何與你所關心的人同在，《我想陪你好好聊傷》將會是你的得力助手。書中提供許多方法，從如何陪伴、提問、回應、給出建議，到如何照顧自己……等等。當然，每個人都是獨一無二的個體，對有些人來說，單純的陪伴已足夠；對有些人而言，需要有人協助釐清想法或心情；還有些人則期待獲得具體建議。

如果你不是很確定對方需要什麼，不確定自己該給出什麼，不妨直接詢問：「你希望我陪著你、聽你說說話就好，還是希望我給你建議呢？」然後再依著他想要的步調，與他同在。

另外，雖然這本書寫的是如何陪伴親友度過難關，但我其實想建議各位若有興趣，不妨也試著將書裡提到的各種方法用在自己身上，學著成為自己的陪伴者，在需要的時候，陪你自己好好聊傷。

（本文作者亦為臨床心理師。）

作者的話

寫給想伸出援手的你

透過談話助人，是一門藝術。本書寫給想精進這項能力的你，也寫給想要更認識心理學和自己的你。

在你的職場、家庭、人際關係中，或許有人正在痛苦之中掙扎。要怎麼做，才能讓自己所提供的協助不會令人感到壓迫？要怎麼說，才能創造親密且舒適的對話？要如何進行，才能讓一席對談既能在短期內有所幫助，同時也能帶來長遠的良效？

我盡量讓本書內容淺顯易懂，所以安排許多實例，相信對心理學有興趣的人皆能從中獲益。

本書也挑選了一些具有心理治療效果的簡易技巧，並於第一部分帶你了解如何使用它們。舉例來說，你會知道如何在對談中帶入新的觀點、如何更加展現真誠地討論問題，或是適時地將焦點轉移至有哪些可用的資源；你會從中學到許多處理焦慮的方法及建議、如何利用空椅法創造有意義的對話，以及當你開始對於反覆聽到相同問題感到厭煩，或單純需要休息、喘口氣時，能如何調整自己的互動方式。

擁有這些工具後，將能提升你助人的能力，讓你能給出更適切的協助，並在你能量耗盡前創造改變。

你可以利用書中提及的工具來開拓人生的新視野，用這本書所列出的問題來檢視自己，或是進行書中所提供的練習。慢慢地，你的自我覺察能力會愈來愈好，也會愈來愈有勇氣，真誠坦率地展露和表達自己。

第二部分則會帶你了解，如何避開擔任助人者時可能會踏入的陷阱，包括：幫得太多、太少，或是有不合宜的助人動機。此外，也會談談助人者該如何自我照顧。只要善用助人工具，即使是長期作戰，助人所帶來的快樂也會源源不絕。與此同時，你也比較不會把寶貴的精力耗費在扛下不必要的責任，而是讓別人有所成長與學著自助。

我受過多種不同形式的心理治療技術訓練，本書匯集了多年的學習與經驗，從我使用過的各種方法裡，挑選出一些比較容易上手的。

有一些心理治療技術或工具僅限由合格的心理師執行，但也有一些是我們平時就能自行運用的，可以用來幫助朋友、客戶、家人或自己。稍後將會在書中一一說明。

你可以將這本書從頭到尾看過一遍，也可以將它當成一本參考用的工具書，在幫助他人的過程中，想試試新方法時，再拿出來從中尋找靈感。

但願本書能為你和你所幫助的人帶來豐富的正面影響。你或許會愈來愈勇於在不同情況下伸出援手，並透過助人，體驗到更多喜悅及富有意義的時光。

引言

你的幫助，能爲他人帶來改變

最強烈也最持久的一種幸福感，來自於讓別人的生活有所不同。在我記憶所及，第一次感受到這種喜悅是七歲的時候，我和表弟參加丹麥約靈其中一處小鎮所舉辦的家畜展覽會，他看上一個紅色喇叭，卻因為得不到而哭個不停，我尋遍身上所有口袋、仔細計算、反覆確認，終於確定手上共有十分錢，然後帶著自豪的心情買下那個喇叭。事隔五十年，時至今日，耳邊彷彿依然能聽見他歡天喜地吹奏喇叭的聲音，且每次想起此事，仍忍不住莞爾。

你或許也曾因為幫了某個人而感覺有道光照進自己的生命裡，事後回想，一切仍是那般鮮明與歡欣。又或者，那些快樂的感覺默默地躺在意識深處，在你需要的時候，便能召喚它前來平衡生活中的挫敗感。

這本書的重點在於如何透過談話助人，而順利的話，能藉此為我們帶來極大的幸福感。然而也會有某些時候，我們花了許多時間聆聽、試著提供協助，卻未能出現期待的效果，反而讓我們愈來愈內耗、焦躁，變得疲憊不堪。

並不是只要提供協助，就會帶來正向的轉變。有些協助甚至會造成反效果，讓理應改變的部分變得更冥頑不靈。還有一些協助只帶來短暫的快樂，長期下來卻不見得有任何效益。

宣洩情緒和被同理能帶來極大的暫時性舒緩。但如果僅止於此，無法促成任何改變，甚至有可能演變成「我說你聽」的依賴性。

接下來的例子，將說明助人關係有可能會因為對方消極、無法承擔自身責任或對困境採取行動而以失敗告終。例子中的情境雖然是在日常生活裡，但其中的動力——像是當個被動的包容者，而非幫助對方學習扛下生命的責任——也可能發生在專業情境裡：

希絲莉的丈夫，漢斯，在工作上遇到困難，下班回家後總是心情低落。她明白他的辛苦，因此每天都耐心地聽他吐苦水。日復一日，她有時會希望他最好不要回家，不要拿那些抱怨來煩她，同時又因為有這些想法而自責。

對漢斯來說，希絲莉溫柔的傾聽與支持讓他有宣洩的機會，進而又有了空間可以繼續忍耐工作上的問題。因此他不需要離開舒適圈、不需要尋求專業協助，也不需要另謀高就。他可以勉強撐下去，反正下班後，就能把這天所累積的不愉快全倒給希絲莉。如此一來，他就可以逃避，不用煩惱自己是否應該做些什麼來改變現狀。

希絲莉勞心傷神換來的是讓當事人免於進行必要的改變，這無疑是個遺憾。我在進行心理治療或督導的時候發現，許多所謂的協助都只做到緩和痛苦，這種情況下，由於痛苦不會一直加劇，當事人反而不會意識到自己需要做任何改變。這其實很可惜，應該要讓世上有能力提供協助的人把精力用在正確的地方，停止無謂的消耗。

本書技巧的使用時機

本書談到的許多技巧皆是特定模式下的對話，雖然我們試著將其運用到心理治療以外的範疇，卻不是要用它們取代日常的對話。如果我們總是用這種方式說話，將會失去許多自發性的談話。這些技巧的使用時機，更像是在於當你發現一般正常、親密的對話已無法帶來幸福感或意義，無法達到原本目的。在這種情況下，使用本書所提供的技巧將有助於產生改變。

至於要多頻繁運用這些技巧，可根據情境以及你是否感到自在來拿捏。像是可以在尋常聊天的過程中，使用這些技巧談個兩分鐘，然後再回到你原本的說話方式。

這本書有一部分是在教你如何提供支持，例如：傾聽（listening）、鏡映（mirroring）、肯定（acknowledging），這些技巧在各種情況下皆相當有用。

除了提供支持，書中也談到如何進行更深層的探索。例如：了解個人守則、使用空椅法對談、練習寫信、觀察非語言的訊息。此外，還有一些輔助建議，像是請對方沉默幾分鐘來感受你們之間的連結，這個作法有助於釋放被忽略的傷痛和壓抑的感受。

使用任何技巧前，請先確定時機是否恰當。要探索自己的心靈和情緒，需要一定程度的能量，要確認對方現在的能量是充足的嗎？他是否正在轉換工作的過渡期？還是正在經歷離婚、搬家或類似的事情？如果你想幫助的人正好處於上述狀況，可能就不適合一直建議他怎麼做或促進他自我覺察。

結伴學習，共同進步

通過駕照筆試不代表你會開車。同樣地，只是閱讀本書的內容，不代表就能學會如何運用。但透過練習，你將可以駕馭它們。強烈建議你先試著把自己當練習對象，將書上的技巧運用自如。

又或者，你可以找到人陪你練習，像是找兩個或更多人來組讀書會，成員之間可以互相練習書中所列出的方法。團體學習的好處就是能分享各自的經驗並進行討論，琢磨出最適合自己的作法。能一起交流重要的事情，正是結伴參與的意義。

❞ 善用書中的練習

書中的某些章節會提供練習。當你要邀請別人進行某項練習時，不妨從你自己如何使用該項練習來談起，包括這些練習帶給你的幫助，或是有類似經驗的人是如何透過這些練習來找到出口。畢竟有正向期待，會讓人更願意嘗試新方法。

當要向你所幫助的人介紹一項練習的潛在好處時，可以先確認你們的目標和方向是否一致。舉例來說，他真的想面對他的焦慮與改善行為嗎？又或是他寧願往好的地方想？你們雙方得先有共識，才能確保溝通順暢。

你們明明不是在進行心理治療，卻要建議對方進行練習，這可能會讓你覺得有點彆扭。在這種情況下，我通常會說：「你在工作上的困境，令我想起自己遇到問題並試圖釐清一切時，經常會使用的一個練習。你會想聽聽看我是怎麼做的嗎？」

何時需要轉介專業人員？

如果你所協助的人正身陷危機，進一步了解他們是否有自殺風險是很重要的。典型的危機訊號包括難以專注、睡眠困難或是食欲改變，有可能吃得太少或太多。我通常會透過上述三個方面的狀況，來確認對方是否已達有危機的程度，若有，則會進一步評估自殺風險。一般我會先問：「人們覺得痛苦不堪時，偶爾會冒出如果能不要存在就好了的想法，這是很正常的。你是否有時候也會這麼想呢？」如果對方點頭說「是」，我便會繼續問：「你有想過要結束自己的生命嗎？」下一個問題則是：「有想過要怎麼做嗎？」

大多數人認為死掉能獲得平靜，因此我們偶爾冒出想死的念頭其實既不危險也不奇怪。上述的第二個問題，大部分人都會回答因為顧及親友而不會做出那樣的選擇。如果有想死的念頭，但並未想到要如何進行，危險程度就相對較低；相反地，如果對方很明確地想過要如何結束自己的生命，就需要提高警覺了。

若你感覺到眼前的人有自殺風險，試著建議他去找有經驗的心理師是一個不錯的作法，或是考慮尋求自殺防治中心的協助。如果你無法說服他接受專業協助，我會建議你聯繫自殺防治中心或其他專家，請他們告訴你，身為一個親友或協助者，在這樣的情況下可以怎麼做，包括如何照顧你自己。

正身陷危機的人往往沒有力氣調整自己和創造改變。在這種情況下，他需要的是關懷和支持。如果有自殺風險，他將會需要專業人員的協助及關心他的人陪伴於側。

譯者補充：

▣ **全國自殺防治中心：**(02)23817995
https://www.tsos.org.tw/web/home
可至「全國自殺防治中心」網頁上的「自殺防治守門人專區」了解自殺警訊和相關的協助技巧（一問二應三轉介）。

▣ **安心專線：1925**
衛福部提供24小時免費心理諮詢服務，若感到焦慮、難受，皆可直接撥打進行諮詢。

尋求最適當的資源協助

如果你所協助的人有嚴重的人格障礙症（personality disorder），如邊緣型人格障礙症（borderline personality disorder），或是嚴重的心理疾病如思覺失調症（schizophrenia），或曾有過極其嚴重的創傷經驗，請盡可能建議他尋求受過完整專業訓練及有定期接受督導的心理師協助。當然，在他接受專業治療的期間，你依然可以透過傾聽、鏡映和肯定來提供支持。在本書的前兩個章節裡，你將能閱讀到如何提供這類支持。

在某些情況下，將對方轉介給其他人會是最好的協助方法。如果你感到自己無能為力，可以查找是否有其他擅長處理這類問題的人，這時你所能提供的協助，就是介紹對方去尋求合適的資源或接受良好的治療。

對你所幫助的人而言，你有可能是他的一時之選，又或是他的唯一選擇——因為他無法找到，或沒有勇氣去尋求其他資源的協助。無論何者，能讓他獲得協助都是最重要的。

非專業人士，也別怯於助人

有些人對親暱的言行感到畏懼，因而不敢過問焦慮的人在害怕什麼，會覺得將他們送去做心理治療就萬事太平。其實這種狀況往往來自於過度誇大心理師的能力，也太過弱化一般人所能提供的協助。

其實像悲傷、害怕、羞愧、關係困擾等生活中常見的狀況，有時一般人反而會是最好的協助者，因為相較於專業人員，他們擁有以下優勢：

- 他們能陪伴當事人的時間，不會一周只有一小時。
- 他們或許對當事人的家人和環境有一定程度的熟悉，有機會察覺專業人員無從得知的連結。無論如何，專業人員與個案互動的時間相對少很多。

- 他們可以有更多肢體接觸，例如足部按摩、安慰的觸碰與擁抱。
- 他們也許極其在乎當事人，而就我們所知，愛是最強而有力的療癒。
- 他們或許有著豐富的共同生活經驗，感情也很深厚，這一切的價值遠超過一個剛完成訓練的年輕心理師所能給予的。

然而，仍有些理由會讓我們需要選擇專業人員的協助，專業人員除了能提供更有效的方法，還會保密與保持中立，這在某些時候是很有用的。

接下來，你將有機會了解專業人員與一般人皆能使用的技巧。

第一部分會談及許多建議和作法，
妥善運用它們，
你將能藉由對談來協助人們找到新的可能性。

Help for Your Nearest People

Part 1

對談助人的技巧

如果你試著提供協助，
花了時間傾聽，
卻總是沒能讓對方感覺好過一些，
或許該採取不同的作法了。

Chapter

01

有效提問

問對問題，遠比得到正確答案要重要得多。藉由提問可以建立話題方向，有些提問會以「是」或「否」告終，導致談話很快結束；有些開放式的問句，則有助於開啟新的對話或發現新觀點。

在適當的時機開始

如果你想和別人討論他的隱私，請先確保你自己的心情是平靜的，並且有足夠充裕的時間。如果你是那種喜歡坐在別人對面，保持眼神接觸的人，請理解並不是每個人都習慣這樣的對話方式。有些人喜歡一邊做其他事情，例如邊開車或邊散步，然後邊聊聊內心話。這有可能是因為他們覺得不自在，想在談及令他感到脆弱的事情時避開眼神的接觸。

自我揭露，能讓對方更自在

進行私人對話前，用「你好嗎？」來作為開場白是很自然的一件事。但對你想幫助的人而言，他可能會不太確定，你只是出於客套問了這句話，然後期待他回答「我很好，謝謝你」，又或是真心想了解他的狀況。相對地，如果你先分享一些自己的出發點，將能更明確地傳達你的意圖。舉例來說，你可以用以下句子開頭：

- 你能感覺好過一點，對我來說很重要。可以的話，我想幫忙你。
- 我一直在想你過得好不好。
- 我很擔心你是否一切順利，還是遇到了什麼問題。
- 你看起來很難過，你會想聊聊發生什麼事嗎？
- 了解你的近況對我來說很重要。

▼很遺憾聽到你……（失去工作、生病、退學等等）。

自我揭露能讓你掌握對話的主導權，同時透露出你有勇氣去談論這些話題。當對方開始和你談話時，你可以用各種方法鼓勵他繼續，提問就是其中一種，問對問題將能帶來不錯的效果。

以開放式問句，取代封閉式問句

問題的開放度與封閉性會有程度上的差異。能用來回答某問題的選擇愈多，意味著該問題的開放度愈高。你可以詢問很特定的內容，像是「閒暇之餘，你有什麼興趣嗎？你喜歡你的工作嗎？你的母親過得如何？」但如果你要幫助的這個人想談的是別的話題，他很可能會對你所提出的問題感到挫折，最糟的情況是他可能感覺自己像是在被審問。

以下是一些開放式問句的例子：

- 你在忙些什麼呢？
- 你在擔心什麼嗎？
- 跟我說說一些關於你的事以及你過得如何吧。
- 你有什麼想談談的嗎？

待對方開始對你說話，你可以鼓勵他繼續說下去，例如：「再跟我多說一點。」如果你們已經談了一段時間，你不確定他是否還有想說的，不妨試試：「我想再多知道一點。」或「你還有想多說一些什麼嗎？」——同樣的問題，可以反覆使用。

如果你想關心他的幸福感，可以詢問比較深層的問題，例如，你可以依序使用以下幾個提問：

- 你過得如何？
- 你感覺怎麼樣？
- 你更深層的感覺是什麼？
- 你最核心的感覺是什麼？

平常對話時，話題總是迅速轉換。如果只問「你感覺怎麼樣？」對方很可能講沒幾句便轉往其他話題。但若能繼續探問，將有機會讓他愈來愈深入。

深入了解來龍去脈

當我們籠統的討論事情時，我們與事件本身其實是疏離的，不易引發太多個人感受。而能夠留下深刻印象的對話，往往是那些有觸動到我們情緒的。為了創造這個效果，就得深入了解特定經驗的來龍去脈。

例如，當對方講到他覺得父母很難為，不妨請他舉出一些具體實例。當他滿懷愧疚地說出某日他對著八歲大的女兒大吼及甩門，他會在訴說的過程中感受到自己的情緒，而你的情緒也會被觸動。此時此刻，你們都進入了一種希望事情能有所不同的狀態。

具體描述特定情境的另一個好處是能讓你更了解對方的處境，確認你的理解符合對方的實際情形。例如，有位朋友向你提到她覺得自己很沒耐心，在你的想像中，可能會以為她常常等不及輪到她，就開口打斷別人。然而，如果你請她多說說到底發生了什麼事，她也許會告訴你，她的丈夫曾經承諾會改變，她也為此等待了十五年，如今，她愈來愈失去耐心了。這樣聽下來，你會發現問題截然不同。

清楚他的心之所向

身為助人者，我們很容易只專注於問題本身。物質世界教導我們當事情無法如常運作時，就要找出問題並加以修正。人類是很複雜的生物，導致狀況不佳的原因往往不會只有一個。如果我們只把焦點都擺在問題上，反而可能會愈陷愈深。

許多人都不甚了解自己真正想要的是什麼，有時候一輩子都在沒有目標和方向的鬱悶中度過。倘若你不清楚當事人對人生的期待是什麼，將很可能幫錯方向。當事人的期待是一切的起點，因此，你得先幫忙找出他的期待所在，像是：他想要更多的內在平靜、更多的可預測感、更多的刺激、在工作上發掘更多意義或成就，或是能擁有更有深度的感情生活。一旦明白自己內心深處的期待，就能下定決心投注更多努力去達成，或者就此放手，讓悲傷洗淨一切，好看見嶄新的可能性。

在提供協助的初期，我會請對方進行一個練習，我會說：「試著想像你理想中的狀況。當你置身在你所想像的那個情境當中時，你會感到快樂與滿足。」有些人會看到自己被溫暖且真心的擁抱著，有些人則說出某個他們希望在職場上會發生的情形。

如果他對於要去做這些想像感到困難，你可以提供他一些建議，例如邀請他試著練習想像：

- 你和某些人一起做著某些事。
- 你的丈夫對你說他非常感恩自己能夠與你結婚。

- 你幫忙了你的鄰居而他對你滿懷感激。
- 你正在一個合唱團裡唱歌。
- 你擁有完全屬於自己的一整天。
- 你的主管說他認為你做得非常好。
- 母親溫柔地撫摸著你的頭髮。
- 你的同事前來詢問你的建議。
- 你帶著露營裝備在大自然中騎自行車。
- 你的姊妹來關心你最近都在忙些什麼。

發揮你的想像力來針對他的具體狀況提出建議，如果對你所提出的其中一個或者好幾個情境，他都能感到開心與滿意，那麼你也同時更加了解到他內心所渴望的會是什麼。

如果上述練習始終無法成功，有時可以透過「羨慕」來找出正確的方向。

對於那些正在從事我們想做的事情，以及我們很擅長做的事情的人，我們往往會投以羨慕的眼光。如果能想到某個會令他感到羨慕的情境，也許就能用來指出他的渴望所在。如果他很羨慕自己的好友得到又新又有意義的工作，或許他也正渴望著同樣的東西。如果他因為看到一對情侶手牽手散步而心痛，他或許也希望對自己的感情生活做出一些改變。

辨識出內心的期待後，可以透過以下這個問題來幫助他進一步思考：「那到底為什麼好呢？」期待或許能夠指引出新的方向，也很有可能讓他鼓起勇氣放下沒有未來的夢想。

轉移對憤怒的注意力

如果你的當事人正充滿憤怒，不妨試著把談話的焦點從他認為自己或別人應該要做什麼，轉移到他期望事情會有何發展。釐清期望的同時，也能確認他的期待是否有機會實現。至少，他可以把憤怒的能量用在採取行動，跨出第一步，拉近自己與目標的距離。

倘若所期待的事無法實現，因憤怒而生的力量將無用武之地。此時最好的方法是告別憤怒的情緒，讓悲傷接手，幫你放下沒有希望的未來。

如果對方似乎不清楚自己的憤怒是來自於什麼樣的期待，不妨試著猜猜看。

你可以說：

我知道你現在很不好受，你或許會希望……

- 前男友能為你們的關係再多努力一些而不是離開你。
- 你能保有你的工作。
- 你的父親還活著。
- 你的老闆能看見並肯定你的努力。

如果當事人的反應比較接近悲傷而不是生氣，那麼多問一些關於期待的事是有幫助的。在心裡創造出來的意象愈清晰，就愈能沉浸在悲傷裡並慢慢放下憤怒。「最棒的會是什麼？」是個很適合的問句，例如：「如果你的父親還活著，你覺得最棒的會是什麼？」接著，你還可以用各種變形的問題繼續深入：「如果他在這裡，你最想做的事情會是什麼？」以及「在那樣的情況下，什麼會令你最感到開心？」若你想讓他完全沉浸在情緒裡，你可以用以下這句話作為結束：「試著想像那些情景，然後好好地感受身在其中的你，會是什麼樣的呢？」

有些人或許會認為把別人弄哭不是件好事，但大部分的人比他們所以為的還更需要哭泣。所以，若當事人在你介入之後哭了出來，不需要馬上感到自責或擔心，你或許幫他跨出了一步也說不定。

有些人則是需要表達出他們的憤怒——對習慣把怒氣往肚子裡吞的人而言，尤其如此。然而，若憤怒的情緒在關係裡無法以有建設性的方式表達出來，反而會演變為無止境的爭論，徒增憎惡與痛苦的風險。但悲傷不同。悲傷是一個歷程，它蘊含著生機且較易於應付，無論是對當事人的親友或協助者而言。

如果你想幫助的人能藉由你們的談話來釐清他在人生中的某些期待，那將會是無比珍貴的經驗。任何形式的問題都有可能阻礙他達成目標，去談論這些問題是再正常不過的事。只是，若一直把注意力擺在問題上，很可能會衍生出更多擔心、疲憊，以及失去做出建設性行為的能量。一旦出現這種狀況，就該把注意力從問題轉移到他所擁有的優勢、好的特質，以及生活中的順遂之處。

別忘了自我肯定與覺察

妥善運用提問，有助於確認問題所在及可用資源。以下問題能用來協助當事人發現自己做得還不錯的地方：

- 你是怎麼度過那些難熬的時光的？
- 你曾使用哪些資源來幫助過自己？
- 你是怎麼應對這一切的？
- 是否曾有過沒出問題的時候？
- 你曾在什麼時候感覺自己特別不錯嗎？那時候你做了什麼讓一切得以順利進行？你有可能再試試同樣的作法嗎？
- 為什麼你沒有因此變成罪犯、毒蟲或遊民呢？
- 你的祖母最喜歡你哪些地方？
- 請寫下過去人們曾給予你的正向回饋。
- 請寫出你曾克服過的挑戰與解決過的問題。

每當談及自身能力，大部分的人會產生更多覺察，且變得更有活力；但也有些人認為不該把「事情沒有變得更糟」歸功於自己，反而應該是協助者的功勞，而協助者也許是一位和善的學校老師或細心的祖母。有時我得反覆詢問多次，才能讓他們意識到其實是他自己展現了勇氣、意志力、創意和巧思。

如果你想更進一步了解對方所面對的問題，可以試著提問：

- 是什麼讓你感覺不太好？
- 為什麼你還沒有實現願望呢？
- 讓你感覺這麼糟的原因可能有哪些？

這些問題把焦點轉移到「阻礙」上。去看見「阻礙」是重要的，許多需要幫助的人在看清阻礙後，就能開始自己邁開步伐。然而，心理的痛苦像離心力一樣，會把所有注意力吸走，讓我們忘了生活中也曾有過開心的光景。身為一個助人者，務必記得：不要只專注於討論問題，試著關注進展順利的部分也同等重要，因為這能帶來能量與改善心情，對於那些又累又心碎的人來說，更是不可或缺。

和問題保持距離

另一個用來討論問題的作法，就是拉開與問題的距離。若當事人所遇到的問題太具壓迫性，很難心平氣和地就事論事，那麼試著從問題裡跳脫出來，不失為一個好方法。以下問句可在這種情況下派上用場：

- 想像過了幾個月，來到夏天，你漫步在海灘。此時，回想起曾令你痛苦掙扎的這個問題時，你覺得腦中會閃過什麼念頭？

- 試想一位你認識的人，如果他遇到這個問題，你會給他什麼建議？
- 想像一下，如果你所遇到的問題已經被解決，那現在的你可能在做些什麼？或許是一些因為先前心思幾乎都被困擾所占據，導致無力去進行的事？

對於最後一個問題，他或許會講出目前已經有在做的事情，以及這些事所帶來的好處，這些都有可能引起正向的轉變。

本章重點

- 利用開放式問句展開對話，是相當好的作法，因為這會讓當事人感到自在，可以選擇對他而言最重要的事情來訴說。
- 邀請對方舉出具體實例，有助於確保你們對目前所談論的狀況有相同的理解；此外，談論實際發生過的狀況也有助於讓他更貼近自身情緒。
- 聚焦於他的期望。如果想了解當事人的心之所向，以及是什麼驅使他這麼做，勢必得知道他的期望為何。最重要的是，確認他也清楚地意識到自己想要的究竟是什麼。
- 很多時候，一段親密的對話只停留在問題層面。就像當一個孩子弄傷膝蓋時，多數人只會把焦點放在「他一定很痛」這件事情上。但如果能把焦點從問題轉移到解決辦法，將有機會讓對方的心情輕鬆起來並正向面對。更不用說若能將這個方法運用在對話的結束，將能讓你所幫助的人覺得踏實和被尊重。

Chapter

02

利用心理學技巧，放慢步調

前一章，我們著重於如何提問。接下來，則要談談當對方給出回答後，我們可以如何回應。

一般的談話過程，常會一個主題換過一個主題，猶如松鼠在樹枝間跳來跳去。常常這個人說完後，另一個人就馬上接著說下去，有時候甚至沒等到前一個人說完，下一個人已開口。

聽別人說話時，我們也很容易會想講一些關於自己的事。但當你的用意是幫助對方時，則需要讓對方有機會多說一些，才能促進與展現他的自我覺察。

你應該把自己當作這個歷程的培育者，幫助對方專注在問題上，放慢前進的速度，避免他急於推進而無法深入探討問題及全心投入。換句話說，你得慢慢來，審慎以對。

暫停、沉默與鏡映都是相當好的工具。身為心理師，我會經常使用這些技巧，有時甚至一整節治療時間都是利用它們在工作。如果不是在進行心理治療，或許只要偶爾穿插使用這些技巧就好，讓彼此的對談維持在你覺得自然的範圍。透過嘗試和練習，你會漸漸發展出屬於自己的風格。

❞暫停與放慢，會帶來收穫

放慢步調，一次只處理一件事，才能面面俱到。比起迅速克服困境，能深入探索自我反而是重點。慢慢來，也別忘了休息，以免被過多資訊給淹沒，而無法實現助人的目標。

為了放慢對談的步調，你可以準備自己慣用的好句子，以備不時之需。以下提供我自己的常用說法給你參考：

- 等一等，讓我跟上你的腳步。
- 可以請你再說一次嗎？

- 先別轉換話題，讓我們深呼吸一下，並想想你剛剛所說的。
- 讓我們放慢腳步思考剛剛所說的每件事。
- 等等，我需要消化一下你剛剛講的東西。
- 我聽得出你有很多事想告訴我，但是，針對一個主題來深入討論，會比匆匆帶過每個議題還要有收穫。所以，試著先喘口氣，思考你想先探討哪件事。

如果你覺得要打斷對方說話很困難，或擔心這樣好像很不禮貌，不妨先徵得對方同意。例如，你可以說：「希望你不介意我先打斷你一會兒。」你也可以把對於自己不禮貌的歉意表達出來，像是：「如果我的打斷會令你感到不愉快，我為此向你說聲抱歉，但為了能繼續好好聽你說話，我不得不先停下來消化一下。」

還有一種更簡單的作法，像是去洗手間、去你的車上拿東西，或是去廚房拿杯水。看起來，去廚房拿杯水似乎是最簡單且最自然的作法。有時候，離開房間片刻再回來，反而能讓對話出現新的局面。

然而，拉開物理上的距離也可能帶來反效果：不只沒能營造出走進內心更深處的契機，反而破壞了原本的親密感。尤其是當其中一方趁著空檔看手機，直到另一人開口說話才回過神來，這種狀況最容易破壞氣氛。

短暫停歇最大的好處，就是能沉澱你們所討論的東西，讓對方有機會去感受在你們對話之間所勾起的情緒反應。

身為助人者，即使你只是鼓勵他不要急、慢慢來，也已經比平常的對話更能帶給他不同的感受或新的收穫。

❞ 讓我們一起沉默

對於會談中的回應方式，我經常收到的回饋是：「晤談中最有幫助的部分，是我們一起沉默的那幾分鐘。」也因此，我經常會停下來，讓沉默圍繞。

有些人或許會偏好中斷長一點的時間，體驗這過程所帶來的平靜。但如果你所幫助的人屬於很愛講話的類型且不習慣沉默，不妨先試試比較短暫的停歇，好讓他逐步適應。畢竟同時沉默，會讓習慣話題接連不斷的人感到不自在。

或許，你會覺得沉默是他自己在家就能做到的事，因此當他與你在一起時，應該盡可能地讓他坦露自我。事實是，有人為伴的沉默與獨坐在家的效果大相逕庭。當你們一起安靜地坐著，有時光是一個眼神接觸也能帶來極大的觸動。這一小段時間的靜默，也許正好能觸發新的自我覺察。

善用鏡映技巧

「鏡映」（mirroring）技巧雖然簡單，卻極具影響力，適度運用，可讓鬆散的對話變得更有結構與能為我們所用。雖然在一開始，你把自然反應擱置一旁，使用這些技巧來對話時，會覺得有些刻意和不自然，但隨著不斷練習，你會愈來愈自在與從容。

這樣做的好處之一是放慢對話的步調，讓說話者與聆聽者皆能順利跟上會談的腳步。你可以利用重述對方的話來練習鏡映的技巧。例如：

安：上周五回去探望父母時，我爸坐在他的扶手椅上，看起來又累又難過。我走過去給他一個擁抱，他卻渾然不覺我的存在。

協助者：你說上周五你回家時，你爸坐在他的扶手椅上，看起來又累又難過，於是你給了他一個擁抱，但他卻渾然不覺你的存在。

安：對啊！然後我走到廚房，問我媽發生什麼事？她馬上轉過身去。我有點被惹毛了，接著才發現她在哭。

協助者：你走去廚房問妳媽媽，她卻突然轉過身去，妳原本覺得惱火，後來發現她在哭。

安：嗯，我突然覺得很愛她，想抱抱她，但她推開我說，「你爸生病了，站在這裡哭有什麼用？根本沒用！做什麼都沒用，我只能想辦法面對。」

協助者：妳覺得很愛妳媽媽，想抱抱她，但她推開妳，說妳爸生病了，哭也幫不上忙，她只能想辦法面對。

給出鏡映後，你可以稍微確認一下：「我有抓到重點嗎？有沒有忽略了什麼？」這一切看似簡單，但其實很有難度且需要練習。如果任由說的人講了太多，才要進行鏡映，就很容易出錯，因為我們根本無法精確地記住那麼多資訊。身為聆聽者，你勢必得適時打斷對方，將整個談話內容分割成幾個片段，才有辦法牢牢記住並給出相對準確的鏡映。

在談話過程中，從聆聽轉為鏡映，有時會需要打斷對方。以下有幾種能用來打斷對方說話的方式供作參考：

- 等等，我想確定一下我是否有弄懂你的意思，你是說……
- 真的嗎？你是說……
- 我聽到的是……
- 我很訝異……
- 不曉得我的理解是否正確，關於……
- 所以你真的遇到……
- 這想必很不容易，聽起來你覺得……

鏡映時，你不用完全重複對方的話，可以適度拿掉一些贅詞，濃縮一下內容——把焦點放在複述最重要的關鍵字上。

身為聆聽者，你也許會想在鏡映時發揮創意，用不同的字詞或語句來複述，想說這樣也許能傳遞同樣的意思，或更切合對方的感覺。事實是，用差不多相近的話語來進行鏡映是很重要的，即使它聽起來像極了回音。因為你每添上一個新的字詞，就是在進行詮釋，而詮釋的內容可能多半與你自己有關，不是對方。當你盡可能以對方原本的遣詞用句來回應時，無形中也是在協助對方，讓他在你的見證與陪同下依著自己的想法述說，不被你的想法或評估打斷。

長時間以鏡映技巧對談，可能會顯得不太自然。但隨著不斷練習，不自然的感覺就會慢慢減低。經過充分練習後，它將成為第二本能，你會愈來愈熟練地交替運用鏡映與其他回應方式，或是把它融入尋常的親密對話裡，在你覺得特別重要的部分或當你認為需要放慢腳步時使用。

鏡映看似不起眼，卻能帶來深層又有趣的新體悟。你用你的語調，以幾近相同的字詞複述對方所說的話，然後對方會看著你的眼睛，聽著你的複述，想知道那對你來說是否合理，以及你是否覺得沒問題。如果你帶著了解和接納的態度給出鏡映，他會知道自己沒問題，也知道他的感覺可以被接受，這會令他感到放鬆。他對自己的感覺愈好，就會愈堅強，進而愈有可能開始試著自己解決問題。

倘若對方反覆不斷地對你訴說同樣的事，那鏡映將特別有效。因為他可能不確定你是否聽懂；若你給予鏡映，等於向他保證你明白他想表達的事情，那他就可以不必一再重複，可以開始講新的事情了。

待你精熟此道，便能開始改用簡短版本的鏡映，可能只是重複一個關鍵字或重要的句子。如果你已經在談話過程中連續運用好一段時間的鏡映，不妨試著與對方一起安靜片刻，消化方才所說的話及鏡映的內容。

本章重點

- 短暫的休息往往能帶來更有品質的深入對談，也讓雙方能平靜地感受和消化自己的感覺。
- 靜靜陪彼此坐著，偶爾視線交會，這樣的靜默極其珍貴，也是在醞釀著新事物的發生。
- 鏡映不只讓與你對話的人感到自己的聲音有被聽見，還能放慢談話的步調。當你想審慎而周全地對待一切時，會有很大的幫助。

Chapter

03

表示同理與肯定

身為提供協助的人，很容易認為自己應該要想辦法讓對方好過一點，但如其所是地接受對方也是很重要的。穩固的支撐，才能孕育出改變的勇氣，他得相信自己沒有做錯什麼，而且自己是被接納的。當他覺得自己有被看見、被理解、被肯定，就有勇氣嘗試與學習新的事物。

展現你的同理心

同理心意謂著站在別人的立場看事情，當你試著體會別人如何經驗所遇到的情境，就是在同理他。能夠與他同在，並試著去感受他的感覺，是很重要的。

同理心不見得一定要用說的。在他面前，給出貼近他感受的表情、呼吸和肢體語言，都是同理心的展現。若需要講出來，可以告訴他，你認為他會是什麼感覺，像是：「你的處境好艱難。」根據你所感覺到的或猜測來加以反映。即使你難免會猜錯，多數人都還是會因為你試著想同理他而感到開心，並因此願意揭露更多關於自己的事。

以語言表達同理心時，一般說法是「那一定……」，例如：

蘇西：我正在擬定旅行計畫。

協助者：那一定很有趣。

蘇西：比起有趣，我倒覺得是刺激，而且這讓我緊張，反倒沒有那麼雀躍。

或是：

漢斯：我不確定自己的婚姻是否還能繼續。

協助者：在這樣的關係裡一定很辛苦。

漢斯：對啊（眼眶含淚）。

當你能試著感受或揣測對方的感受時，就能試著創造「情緒共鳴」（emotional resonance）。當你以感同身受的方式回應他，就會產生情緒共鳴。這時你會用你的臉部表情、肢體語言、語調來反映出他的情緒。你的聲音和表情比語言更能貼近他的感受或心情，他能從中明白你懂得他的處境，也理解他的感受或心情。以寥寥數語來表達出共鳴，有助於讓對方更加確定自己的情緒狀態。在最好的情況下，他將感受到自己整個人都是被接納的。

單純發出感同身受的聲音，也能傳達你的同理。在表達同理時，最重要的向來都不是你說了什麼，而是各種你用來鏡映對方感受的方式。

先前提及的例子裡，如果漢斯回答「倒也沒有那麼糟」而非「是啊」，或許有兩個原因使他沒有馬上認同協助者的猜測。有可能是因為鏡映內容多是協助者的自身感受而不是漢斯的，另一種可能則是協助者所指出的感受是漢斯尚未覺察到或不想承認的。

有些人會基於不希望對方在那個當下太過靠近自己，而避開他人的同理，因為充滿同理的回饋有可能會令他再也克制不住情緒，崩潰大哭。而這可能不是他在會議中或家人生日時所樂見的。因此，當你想同理對方時，務必確保當時的情境是合宜的，例如附近不會有其他人。而且當他們哭出來時，你也要預留足夠的時間關心他才行。

對想幫助的人展現出同理心的同時，也是在表達出你有興趣了解對方。這能帶來安全感，也會讓人想繼續與你合作，因此在提供協助之初尤其重要。

如果同理有點困難

有些人天生就很能同理他人，有些人則對此感到棘手不已。如果你發現難以辨識出另一個人的感受並與其共鳴，原因可能如下：

- 你需要練習。
- 這段關係或當下的情境對你而言不夠安全，你無法好好地感受自己或接納自己的情緒。
- 你太少經驗到對方所談及的情境和感受。

如果對方所講的事情勾起你已遺忘或壓抑的可怕經驗，這種情況下，你可能會強烈地感覺不想再聽他說下去。此外，若他所展現出來的情緒會令你感到不舒服，你也會很難與他產生情緒共鳴。但無論原因為何，這些情況都是可以處理的。

接納與理解對方

當你接納與肯定對方所說的話，同時也會增強他的自信與自我了解。不見得必須是很重大的事才能受到肯定，許多不起眼的小事也值得被看見，例如：

- 雖然百般不願，但你終究起床了，這是一件好事。
- 你正試著改善你的關係，這很棒。
- 雖然嚇壞了，但你還是勇敢地說出來了。
- 你拒絕了，好棒。
- 即使你還不是很確定，但看到你願意做些新的嘗試，真的非常棒。
- 雖然不見得會成功，但你的想法是對的。
- 你這樣做的用意是很好的。

如果他向你透露的事情，是從未向其他人提起的，那會更需要一份肯定。倘若你能引導他肯定自己，那就更好了。可使用的說法如下：

- 雖然你不想，但終究還是下床了。對於這件事，你有什麼想法？
- 儘管你感到害怕，仍說出了這些話，你感覺如何？
- 你對自己的行為動機有什麼感受？
- 真的試過後，你有什麼感覺？

一旦他能夠肯定與接納自己，就不再那麼需要尋求別人的認同了。也有些時候，我們無法從對方所說的內容中找到能肯定的部分，這時你可以告訴他，他所說的一切都是能被理解的，例如：

- 我可以理解你為何會生氣，因為你認為他是故意的。

- 有鑑於你過去和警察打交道的經驗很差，可以理解你很想趕快離開。
- 我和自己的父母關係很親近，因此一時有點難以想像你現在的感覺。但是，想到你已經好幾年沒見過你父親，就能理解你為何會有那麼強烈的反應了。

在談話中肯定或理解對方，然後再講一些關於自己的事，是非常好的作法，可以增強他的自尊與自我價值感。

結合使用不同的技巧

透過前一章與本章的內容，你能藉由暫停、鏡映、同理、肯定或理解來促進談話品質。當你將這些技巧一一練熟，就能開始試著把它們結合起來使用。

以下提供一個可能的作法：

詹斯：我的女兒有閱讀方面的問題，她的英文老師建議我們應該讓她去念針對這類學生而設的特教班。這表示在六個星期裡，她只會上英文課。我很擔心她在其他科目的學習進度會落後，我也懷疑會不會是我……

協助者：等等，我確認一下。你是說，你的女兒有閱讀困難，她的英文老師建議她去特教班上六星期的課。你擔心這會造成她在其他科目落後，接下來呢？**（限制資訊量並進行鏡映）**

詹斯：我在想會不會是我花在協助她閱讀的時間不夠多，這讓我覺得難過。我不知道其他父母會花多少心力陪孩子練習，我擔心是不是自己做得太少了。

協助者：你覺得很難過，因為你懷疑是自己陪孩子的時間不夠多而造成這個問題**（鏡映）**。

詹斯：對啊，我覺得我的女兒值得最好的，但我總是做不好。

協助者：你覺得你的女兒值得最好的，卻也知道你總是做不到**（鏡映）**，這一定很難熬**（同理）**。

詹斯：是啊（眼眶泛淚）。

協助者：你的女兒能擁有一個這麼擔心她與認為她值得最好的父親，是很幸運的事**（肯定）**。

詹斯：（面露微笑）。

協助者：我們一起靜靜地坐一會兒，好嗎？

我們都甚少有機會能擁有另一個人全心的關注超過十分鐘，而這種經驗會帶來一種愛的感覺以及滋養我們的靈魂。

你可以把上述對話想成一長串鏡映過程中的一部分，或想像傾聽者在一段親密對話之中，停了下來，說：「你剛剛講了很重要的東西，容我複述一次。」接著就出現以上那段充滿鏡映的對話，而後又回到尋常的談話方式。

傾聽、鏡映、同理、肯定、沉默，以上皆是會談過程的一部分，可以用不同的順序來使用，如果有哪個部分會令對方覺得不自在，適度省略也沒關係。若對方顯得焦躁不安，不妨先試著沉默片刻，然後同理他的感受，有助於帶給他勇氣去講述令他感到脆弱的事。

剛開始練習這些技巧時，你或許會發現自己有點無法專心談話，畢竟建立新的技巧需要耗費心力，你也很快就會感到疲倦。不過，等你習慣使用它們後，就會愈來愈上手，甚至比以前更能投入對談的過程。

本章重點

- 比起改變，更重要的是先看見與接納對方當下的狀況。
- 同理就是試著站在對方的立場，用他的角度來感受與思考。表達同理的方式則有面部表情、語調、肢體語言。當你這麼做時，等於給出一個禮物，幫對方重建他對自己的了解和勇氣。
- 雖然可能有不少原因導致你對於要給出同理感到困難，但那些都是可以克服的。
- 當你肯定對方，就是在增強他覺得自己有價值的信念。你不需要等到他做出什麼重大成就才給予肯定，任何細微的事情，像是一抹微笑或一個正向積極的念頭，也都是值得被肯定的。
- 當你能如魚得水地使用這些技巧後，不妨試著將它們加以組合運用。

Chapter

04

如何拿捏助人的積極度？

你或許會以為愈積極主動，愈能幫助別人擺脫困境。事實正好相反，你說得或做得愈少，你所提供的協助會愈有效。

試著想像數字0到10，0代表消極被動，10代表非常積極。當你處在積極的那端，你會一直問問題、針對所聽到的內容給出評論或所謂的好建議；而在消極的那端，你幾乎就只是存在於當下。

以下的兩段對話，第一段的協助者非常積極，第二段的協助者則非常消極。

積極協助者的例子：

歐拉：我被炒魷魚了，接下來的幾個月如果沒能找到新工作，我就得賣掉房子才活得下去。但身為一個五十六歲的人，要重新找工作可沒那麼簡單。

協助者：你可以做些什麼呢？

歐拉：我不知道。

協助者：要不要在報紙上刊登廣告？

歐拉：或許可以吧，但是……

協助者：你也可以在 LinkedIn 上建置一個檔案。

歐拉：確實，但我對網路不太拿手。

協助者：聽著，我想到一個絕佳的點子，你知道我們的共同朋友彼得……

消極協助者的例子：

歐拉：我被炒魷魚了，接下來的幾個月如果沒能找到新工作，我就得賣掉房子才活得下去。但身為一個五十六歲的人，要重新找工作可沒那麼簡單。

協助者：好慘。

歐拉：我還沒跟我太太講。

協助者：噢（溫暖且具同理的音調）。

歐拉：我不曉得該怎麼說。

協助者：好難。

歐拉：我不知道該怎麼辦。

協助者：真希望我知道該怎麼辦。

歐拉：我或許可以去買份報紙，看看徵人啓事。

協助者：可以哦！

歐拉：但首先，我得回家告訴艾爾希這件事。

協助者：好。

站在積極協助者的角色，我們很容易認為自己比較聰明或有能力，以「現在，我會幫忙處理你的問題」的姿態與對方互動。

站在消極被動的角色，我們不會在意自己是否聰明，也不會認為自己得去解決任何事。仔細看，會發現被動協助者和被協助者站在同一陣線，他沒有表現出自己比較聰明或懂得比較多，他只是陪伴於側、聽對方說話，並且試著感同身受。

再看看另一個例子，首先，是一位積極協助者：

萊茵：我擔心自己無法繼續工作。
協助者：可能只是累了，也許過一陣子就好了？
萊茵：嗯，也許吧！但我回家時總是精疲力盡。
協助者：或許你該休幾天假。我想這對你會有幫助。
萊茵：希望如此，謝謝。

接下來，是比較被動的協助者：

萊茵：我擔心自己無法繼續工作。

協助者：噢。

萊茵：吃完午餐後，我就開始盯著時鐘，甚至能聽到自己在喃喃自語「好累啊！」

協助者：聽起來好辛苦。

萊茵：（含淚而笑）能跟你談這些真好。

這兩種協助方法並沒有哪一個是絕對正確的。如果你要協助的人處於中重度憂鬱或個性比較死板，你當然得積極一些；但若對方精神狀態良好且善於自省，就無需太過積極。

也因此，注意自己提供協助時的積極度是重要的，如此才能根據情境所需來加以調整。

你會不會過於積極？

大多數人都會覺得當個積極的協助者比較舒服，他們認為保持積極主動比帶來效益更重要。這種傾向在男性身上會比女性還要常見。我進行伴侶諮商時，常看到問題最後演變為男方急欲處理和解決問題，但女方只是想被聽見與同理。當然，女性也有可能過於追求有效解決問題，無法只是陪伴在求助者身邊。

如果你會非常積極地幫助別人，有可能是因為熱心，也或者是在自己不知情的狀況下，無意識地在追求肯定和讚許。倘若你太過積極且沒耐心，很可能是因為你受不了對方的痛苦，又或是你覺得被動無法提供足夠的協助。然而，真正帶來較多效益的，往往是雙方的互動——面對面談話——而不是協助者想幫上忙的意圖。

再者，講太多話也會干擾你和被協助者之間的互動。正如先前所提，眼神的接觸與各種非語言訊息的重要性，皆遠勝過語言表達。

掌控談話的步調

雖然我們可以保持被動的談話方式，但也有可能因此造成反效果。如果因為聽對方講了太多來不及消化，而不知所措、失去親密感，那對雙方都不好。因此，在過程中有個部分是你要永遠積極以對的，那就是控制談話的步調與確保彼此有喘息的空間。如此一來，你們的步調才能協調一致，內在深層的感受也才能更加貼近。

若當事人有極佳的自我覺察能力，保持被動的效果會特別好。有時候你需要的只是用心傾聽，全神貫注地與他同在，他會很樂於對你訴說一切。最好的狀況是他會覺得自己被你接納，並從中獲得所需要的能量，以對自己的思考方式或環境做出必要的改變。

當個相對被動的協助者，聽來似乎簡單，事實不然。大多數人透過說話來充能，長時間的聆聽則會耗能。但把持住自己不要開口，轉而去貼近對方的感覺，給出同理，在情緒上有所連結，都是極具價值的助人方式。比起積極打氣或提供好建議，讓心靈深層發生轉變會需要花更多功夫。

假如你很善於同理性的傾聽，記得為自己設下時間限制，以免耗竭。一旦感到疲於傾聽和包容，可以稍微變得主動一些或乾脆休息一下。

本章重點

- 全心全意地與你想協助的人同在，遠比你說了什麼或做了什麼還重要。
- 帶來療癒的，往往是良好的互動過程。太過積極或急於解決問題都有可能破壞原本具療癒性的互動。
- 被動或積極，沒有絕對的孰良孰劣。
- 如果對方身邊的資源很少或你感到自己的能量已快耗盡，有時候暫時切換到比較積極的角色會更好，能適時為你補充些許能量回來。

Chapter

05

留意對方的羞愧感

羞愧（shame）的本意與「掩飾」有關，意即避免某些事物被看見。像是如果你所協助的人試圖移開視線，很可能是因為他們感到羞愧。羞愧感會造成極大的痛苦，別人的反應對他們來說很重要。因此你得降低你的積極性，謹慎以對。

如果我想幫忙的人垂下視線，蜷縮在椅子上，或是避開我的提問，我第一時間會連結到羞愧感的出現。他也許還有勇氣告訴我，有些事他說不出口。若他沒有這樣表達，我會推他一把，像是對他說：「你似乎正因為某些難以說出口的話而掙扎，不曉得我的感覺是不是對的？」

一旦有羞愧感出現的跡象，我就會盡量放慢腳步。我很清楚要講出連自己都覺得丟臉的事，需要多大的勇氣。他若坦承確實有事難以啟齒，我會肯定他為自己起了個頭的勇氣，然後鼓勵他依著自己想要的步調慢慢來。他也許需要花一年時間做好說出那些事的心理準備，也很可能得再年長十歲才有辦法蓄積足夠的勇氣。與此同時，我會讓他們知道我明白抱著羞愧度日有多麼痛苦，以及哪天他們準備好要說了，這些感覺都是能被接納與處理的。我或許會這麼說：「要去談這些事，似乎會讓你很痛苦，所以我能理解你的猶豫。你還沒有很確定是否要講出來，這沒關係，只要記得當你決定與別人分享這些事情時，一切都會感覺好過很多。」

羞愧感從何而來

羞愧感之所以成為痛處，是因為它無法被看見與承認，也可能是來自於未能被好好對待。若說罪惡感與我們所做的事有關，羞愧感則與我們「這個人」有關。像是可能出現一些自己認為不會被接受的感覺，如嫉妒、憤怒，或在不合宜的情境下出現正向情緒；又或者是做出自己認為對一般人來說極不恰當的行為，如吃得太多、大吼大叫、在會議中早退等等。

不見得要是什麼很糟的事才會引起羞愧感，一份從未展現或未能得到回應的愛，也會令人感到羞愧。所以不盡然要是多麼極端的事，畢竟一件令某些人覺得丟臉到家的事，在其他人眼中可能根本沒什麼。像是，你有可能因為臉紅而覺得丟臉，又或是減肥失敗、放了個無聲屁、有體臭，甚至是開了一台沒有天窗的車子，這些都有可能是羞愧的來源。

慢慢碰觸強烈的羞愧感

有些人會覺得自己的祕密實在太見不得人，實在太難開口說出來。底下是兩個關於強烈羞愧感的例子：

●案例一

海茵瘋狂地愛上她的主管，藏著這份愛意好幾個月後，她寄了封電子郵件向對方告白，結果收到一個簡短而明確的拒絕。那之後，她在公司變得低調不已。她沒有向任何人說起這件事，只想當成什麼都沒發生過。但當這一切突然浮上心頭時，隨之而來的強烈羞愧令她恨不得自己從地球上消失。

●案例二

每當詹斯需要參與社交場合時，他總會帶上一個酒壺，大喝一口後，才能自在地上場大展身手。這是他從年輕時就有的習慣，卻一直是個不為人知的祕密，就連與他結縭十二年的妻子也完全不曉得這件事，只因他覺得依靠酒精才能與人交際是件很丟臉的事，所以無法告訴任何人。

想試著觸碰羞愧感時，千萬不能操之過急。如果那些情緒很強烈，最好慢慢來。建議用以下方式來一步步推進：

- 寫信給已過世的祖母，或能令他感到舒服且深愛的其他離世者講述此事。
- 與一些他不怕失去的人分享，像是心理師、醫師、點頭之交，或是在網路上找可匿名談話的諮詢者。
- 寫信給一個重要他人，但不用真的寄出。
- 以話說從前的方式對親近的人分享一小部分的內容，例如配偶。以詹斯為例，或許可以說：「在我十八歲時，每次要參加任何社交聚會，我都會先喝一口酒再上場。」他也可能鼓起勇氣再多加上一句：「從那之後，我一直都會這麼做。」

要能做到最後這個部分，有可能得花上好幾個月。

上述作法不見得要照順序來，你所幫助的人也許會想直接從最後一部分開始，或是只做其中一部分。

羞愧感會因分享而消散

透過先前的案例分享，我們看到羞愧可能會發展為極其強烈的情緒，當它以比較輕度的形式展現時，就是我們很常會表示的「覺得丟臉」。無論是輕度或中度的羞愧感，都需要循序漸進的處理。

無論面對的羞愧感程度強弱，處理方式皆大同小異。藉由分享，羞愧的感覺能被看見與接納，從而獲得療癒。對懷抱羞愧感的人而言，確定聆聽者有能力面對那些羞愧的來源，且不會因為知道一切就離他而去或評價他，而能繼續維持關係，是很重要的。

此外，當對方決定吐露他的羞愧感時，我們最好先當個相對被動的協助者，詳細作法可參考第四章。因為在這種時刻，彼此的連結感很重要，別讓太多話語或積極處理破壞那些連結感。太過積極的協助者往往會在第一時間脫口說出：「這沒什麼好丟臉的。」雖然這句話立意良善，但聽在已經覺得羞愧的人耳裡，很容易對自己感覺更糟。

最好的作法是讓對方知道你有聽到他所說的事，然後保持彼此的連結。

蘇菲：「我覺得自己沒有工作，是很丟臉的事。」

協助者：「嗯嗯。」

或是：

詹斯：「隨身帶著酒壺的我真是可恥。」

協助者：「嗯嗯。」[1]

先不要急著馬上說些什麼，短暫的沉默是有意義的，如果對方願意抬頭看著你，讓他藉由你的凝視來感覺他自己。若他還沒準備好，請給他一些時間，然後再同理地回應：「這麼多年來，一直藏著這個祕密，一定很孤單吧！」或是讓他知道他不是唯一一個感到羞愧的人：「我了解這種感覺，我也有讓我感到丟臉的事。」

一切看似簡單，只要說「嗯」並保持連結就好，實則不然。身為一個協助者，你得要能容納自己的感覺，同時接住一個正在經歷痛苦的人。

愈了解自己、愈勇於面對自己的羞愧，就愈能貼近一個正在經歷這一切並

譯註①：此兩例的原文裡，協助者的回應都是「yes」。以中文對話常用的語氣或說法，可以是「嗯嗯」「嗯」「這樣子啊」或「是哦」等，大家不妨回想一下自己在生活中最常使用的回應方式。

首次分享這些痛苦的人。

我們不見得總是能把羞愧的感受講出來，但你可能會看到對方侷促不安地坐著，慌張地反覆解釋，即使父母讓他穿著發臭的衣服去上學，他們也已經盡力照顧他了。若你覺察到苦不堪言的羞愧，請務必保持同理心與接納的態度，如此一來，他就有機會慢慢建立自我價值感，直到他強大到足以應付與討論那些羞愧。

本章重點

- 當我們能夠處理羞愧感，就有機會大幅成長。羞愧感往往會讓人想從地球上消失或變成隱形人，因此不易觸及。
- 當對方開始出現羞愧感或講起令他倍感丟臉的事，務必放慢步調，謹慎小心，不要過於主動積極，也不要太急著給予回應或安慰。我們只要維持彼此的連結，無須干涉過多，他就有可能從痛苦中獲得解脫，與自己建立新的連結並更愛自己。

Chapter

06

意識到個人守則的影響

有時候，給予同理、肯定、良好的連結，就足以強化對方的快樂、自我價值與能量，使他可以開始靠自己解決問題。但有時候，我們得想辦法針對較無意識到的部分做出改變。對某些人而言，即使得到再多同理和接納，依然會卡在相同的問題出不來，這很可能是因為他們受限於「個人守則」（maxims），不斷採取無效的行動。遇到這種情況時，就得針對個人守則進行解決，協助對方獲得重要的自我覺察與找到新的對應方法。

對每個人而言，除了社會上的法律與規範，都還會擁有一套個人守則，這其中的內容多半來自於父母或自己。大多數人都不會意識到自己的個人守則，因此若能將焦點放在這裡，或許會帶來幫助。

個人守則涵括的範圍無遠弗屆，從家裡的整潔度，到該用什麼方式招待客人、要如何建立親密關係等等，皆可能包含在內。

以下舉出幾項個人守則的例子：

- 我不可以犯錯。
- 我不可以過於自滿。
- 我應該要把每件事都做得很好。
- 我不能展現出自己的脆弱。
- 我得表現出別人想要與期待看見的模樣。
- 我不可以濫用大自然的資源，所以我要經常反問自己：「能不能再將就一點？」
- 我得確保身邊的每個人都過得很好。
- 我不該對別人有所期待。
- 我應該要恪守健康飲食的習慣。
- 無論在什麼情況下，我都不可以說謊。
- 我不可以造成別人的困擾。
- 我不可以過度包裝自己。

- 別人的需求應該優先於我的需求。
- 我得時刻保持警覺，防範別人占我便宜。
- 若別人對我生氣了，我一定得想辦法讓對方再次喜歡我。
- 有人來找我時，我一定得表現出友善和快樂的模樣。
- 朋友有需要時，我一定要出手相助。

個人守則的正面功能，是幫助我們採取對自身有利的行動，最好的情況是它們能夠成為一種內在指引，帶領我們創造美好的生活。

然而，創傷與童年的負面家庭經驗也會形塑我們的個人守則。例如，當一個人在兒童時期表現出憤怒時，父母的反應令他感到失望，他很可能會因此發展出「我不可以表達生氣」的個人守則，而這個守則的出現，是為了避免重蹈覆轍，避免他再次經歷那種失望、受傷的感覺。但長大後，這個守則開始造成反效果——因為他無法將憤怒展露於外，造成有些人會無視他的界線或未能善待他。

一旦把焦點放到個人守則，你所幫助的人或許會發現，他是依循著已不再適用的個人守則而活。這些守則可能會讓他無法用更好的方式來照顧自己，或是繼續使用某些百害而無一利的行為模式。倘若能意識到這一切，就有機會改變。

當事人也許會發現自己未經思考就預設了父母的想法，或自己一直依據某些守則而活，卻早已想不起這些守則從何而來。就像拿湯匙吃飯一樣，最一開始，這件事很困難，你該舀多少的量才好？在用湯匙把食物送進口中的過程，要如何避免食物滴落？要怎麼把湯匙放進嘴裡？只要學會了，我們連想都不用想就知道要怎麼做。它成為一種自動化歷程，我們甚至不會記得自己是如何學會、為何會這麼做。

以下是尹加的故事，從中可看見她的生活如何受個人守則所影響：

尹加熱愛玩撲克牌，這為她帶來許多樂趣。但不曉得為何，快樂之中總隱約摻雜著一絲絲罪惡。她只知道，一旦牽涉到錢，她就不可以加入。

當檢視尹加玩牌時的這項守則，她發現在印象裡，母親總是用很負面的方式評論那些把時間花在打牌上的人。由於母親還在世，因此尹加得以詢問為何她對玩牌的看法這麼糟，才藉此得知曾祖父過去曾因賭博而散盡家產。

尹加找出自己對玩牌的守則來源後，便掙脫了這項束縛。她敞開心胸，擁抱新的可能性。她加入兩個撲克牌俱樂部，這是她一直想做，卻礙於這樣會涉及金錢而放棄的事。如今，她每個月都可以參與五次的撲克牌活動，不再只有兩次而已。

守則愈嚴苛，行動愈受限

我們可以把一個人可能採取的行動視為一張世界地圖，每多一個限制性的守則，就是在剪掉地圖的一部分。

舉例來說，你所幫忙的人，有著自己必須常保美觀的個人守則，所以她不能整天都穿著睡衣，也不能疏於打扮。她可能有個嚴格控管禮儀的母親，為了不讓母親失望，她得遵守許多規則，所以就算再喜歡，她也不能當個難以常保整潔的煙囪清潔員。各種守則與限制讓她的選擇愈來愈少，而這些嚴格的規範，讓她原本如世界地圖般大的行動範圍變得幾乎只剩下一座小島。如此一來，她得花上許多心力和精力，才能靠僅存的選項從生命中獲得想要的事物。

檢視矯枉過正的個人守則

在做決定時，會格外突顯個人守則的存在。只要詢問「你為什麼不做你想做的？」或「你為什麼不停止做那些不想做的事？」對方的內在規範和價值觀就會無所遁形。

如果你所幫助的這個人沒有去實現人生目標，或不滿意自己的生活現狀，很可能是那些矯枉過正的個人守則正在影響他。不妨詢問他「你為什麼不……」之類的問題，雖然聽起來又蠢又惹人厭，因為他當然有他的理由。但這麼做有其重要性，身為一個助人者要記得，能帶來偌大改變的，往往是這些不起眼且惱人的問題。當然，你可以禮貌地提問，我自己就常會這麼做，尤其是在非諮商的場合裡，像是：「當你講到不想參加表親的生日時，我有點疑惑，你為何沒在接到邀請時婉拒呢？希望你不會覺得我管太多。」

當對方回答這個問題時，往往會講出自己的個人守則，於是我會加以鏡映：「聽起來你有個守則，你覺得滿足母親的期待，比獨享一個清靜的周末還重要。」講完後可以先停在這裡，隨著他發現自身守則的存在，就愈能覺察到自己行動的背後原因，新的可能性將得以萌芽。他或許會好奇要如何改變自己的個人守則，當然，他也可能不以為意。

若你所幫助的人對自身守則所造成的束縛感到不滿，不妨與他分享你如何受益於調整個人守則與說明如何進行。

接下來，來看看珍如何處理她的個人守則。

珍一直夢想著能到南方的海灘飯店過聖誕節，當我問她為何不這麼做時，她講出自己的個人守則：

- 聖誕節就是要陪在年邁的父母身邊。
- 不可以太自私。
- 不可以花那麼多錢在自己身上。

當個人守則浮上檯面，我們自然會一一去檢視它們。這個守則是有建設性的？還是沒來由地造成限制？

共同建立新版守則

若你所幫助的人喜歡寫東西，可以請他拿兩張紙，針對一個守則，在其中一張紙寫下該守則帶來的優點，另一張則寫下缺點。

珍一邊寫下個人守則的優缺點，一邊將這些守則進行改版，使她的海灘假期有機會成真。

改版後的個人守則如下：

- 我得陪伴年邁的父母，但並非時時刻刻都必須如此。
- 只要在聖誕節前找個周日陪他們，他們應該就能自己過聖誕節。
- 我可以偶爾自私一點，為自己花一些錢，而這也有益於身邊的人，因為我會帶著好心情和更多活力回家。

只要多花一些心力，改變就能發生：除了思考新的想法，最好還能將它們寫下來，之後就能反覆閱讀。若當事人不喜歡寫東西，可以試著把各種想法反覆地大聲說出來。如果能說給某個人聽，效果會是最好的，能講給好幾個人聽會更好。你可以邀請他把新的想法說給你聽，或是與他家裡的某個人分享。倘若他不太習慣與別人分享自己的私事，可以到森林裡對著古老的大樹訴說，或是對著鏡子講給自己聽。

新版個人守則上線後，舊的就必須捨棄。作法很簡單，只要中斷它就好。當我們愈常中斷原本的行為模式，它的影響力就會愈來愈小。

探討個人守則的成因

個人守則與我們看待世界的方式有關。若當事人難以打破不合宜的個人守則，不妨進一步探索與該守則有關的想法，以下是可用的問句：

- 你為何必須……？
- 如果不這麼做，會發生什麼事？
- 你為什麼不……？

珍以一句話回答了為何不能太自私：「如果每個人都只做自己想做的事，世界會變成什麼樣子？」，她後來意識到這是她父親講過的話，而且還強調了無數次。有一回，她因為想去打羽球而不想照顧弟弟，父親就曾這麼說。長大後再回頭來看這件事，發現父親只需要換個方式，像是改成由祖母照顧弟弟，或是也把弟弟一起帶去打羽球的地方看顧，一切就解決了。於是她決定不要再受那句乏善可陳的話所影響，因為那句話否定了她有能力去完成自己想做的事。

至於為何一定得陪年邁的父母過聖誕節，珍的理由是當她年幼無助時，他們會陪著她；如今輪到他們需要協助，她想報答他們。但後來，她回想起當她還是個孩子時，父母也經常只顧著做他們自己喜歡的事，即使在她生氣地認為應該要有人照顧她的時候，亦是如此。於是她開始能夠調整自己的個人守則，認為自己不見得總是要陪侍於側，包括聖誕節在內。

擺脫過時的個人守則

要挑戰一件新事物，或者是停止一件你已做了許多年，甚至幾乎做了一輩子的事情，多半都會伴隨著不舒服的感受或焦慮。

當珍對父母說了她聖誕節要去海邊度假之後，有好幾個晚上都睡不著。第一年的旅行途中，她不斷擔憂著父母是否會在她出門的這段期間生病不舒服。

結果並未發生任何不好的事情，她也過了一個非常愉快的海灘假期。有了這樣的經驗後，下次當她需要在不同的狀況中優先考慮自己的需求時，將會容易許多。

在大多數狀況裡，當事人只要意識到自己的個人守則，就會開始想要擺脫或調整這些守則，好讓自己能夠擁有更多的自由與可能性，就如珍所做的那樣。現在，珍在她的生活裡有了更多選擇。過去那些被她視為太過自私而不去做的事情，如今都被重新納入考量，她也可以在生活中享受更多有趣的活動。

採用新的個人守則生活之初，需要付出大量心力才能維持。若你所幫助的人對於要用新守則感到有壓力、害怕，或是疲累，他可能很快就會放棄並回到老樣子。因為對他而言，舊模式已近乎第二本能，信手拈來絲毫不費力。所以故態復萌既合理且正常，並不代表沒有希望，只要試著讓對方專注於想達成的目標，並抓住任何機會提醒自己，舊模式的出現率就會慢慢下降。

你可以建議他把新的個人守則貼在鏡子上，或是放在其他顯而易見的地方。或許，他也可以把新的個人守則讓好友知道，請朋友幫忙適時提醒自己。

過於嚴苛的守則會打擊自尊

若當事人的個人守則是他應該要表現得比大多數人都好——例如，為了滿足別人的期待，他應該要更加勤奮或帶給別人更多幫助，這一切的背後往往是低自尊在作祟。當我詢問珍，為何她認為自己應該要總是能夠幫上別人的忙，而且不可以造成別人困擾？她也被自己的回答給嚇到了：她很害怕如果自己不這麼做，會沒有人想跟她在一起。很顯然的，她缺乏內在價值感。

過度嚴苛的個人守則，往往是為了用來補償內心深處的自我認同不足。藉由展現出極端友善的行為，潛意識地希望沒有人會發現，自己有多麼渺小與沒有價值。

如果你所幫助的人打破了自己原有的個人守則，並發現依然有人願意留在他身邊，甚至覺得他比以前還要有趣，將能提升他的自尊心。

如果他能夠添加更多放鬆的元素到自己的守則裡，也會讓別人和他相處時感覺比較自在或愉快，這些也都會對他的自我覺察帶來正向的影響。例如，若他能允許自己不參加沒有興趣的生日派對，然後將那些錢拿來買一束美麗的花送給自己，他就是在對自己說：「我很重要，所以我的需求也很重要。」

尊重個人的價值觀

然而，並非所有的個人守則都得進行調整。有些守則與個人價值觀關連甚深，因此對當事人而言是很合理的存在。如果對方不想調整某個守則，很可能是因為那牽涉到他的價值觀。請試著尊重他的價值觀，這將有助於他把自己視為一個獨特的個體。以下是與價值觀有關的例子：

- 除非必要，否則不該製造太多汙染。
- 兒童需要被關愛。
- 人應該要誠實。
- 人應該要守信用，並盡可能地說到做到。
- 人不應該占他人的便宜。

當我發現某項守則涉及當事人的價值觀，我可能會說：「這聽起來像是你很重視的事情。」又或是：「現在我明白，那些反其道而行的人，為何會令你如此生氣了。」

本章重點

- 每個人都有自己的個人守則。而大多時候，我們都不會意識到這些守則的存在。
- 如果想幫忙來找你傾訴的人，可以試著了解是否有過於嚴格的個人守則在影響他。
- 如果對方愈來愈能意識到，該如何透過調整個人守則來解放自己，代表他正在往好的方向前進。
- 個人守則根植於深層的信念，只要能意識到它們的存在，就有機會改變。

Chapter

07

用空椅法
增進自我覺察

在接下來的幾個章節裡，我將會介紹一些方法，這些方法所能帶來的效益不亞於先前所談及的技巧。

一般而言，我們會竭盡所能避開受傷的感覺。不幸的是，逃避痛苦的同時，也有可能失去與正向情緒的連結。如果我們無法碰觸自己的感受，生活會失去很重要的根基。

若能試著與那些不舒服的感覺同在，反而能緩解痛苦，帶來新的可能性。

以下提供數種練習和方法，你可以透過它們來幫助別人或自己，嘗試與痛苦建立連結，接觸生命當中的重要事物。

想像進行一場對話

我們的不開心，往往來自於生活中的各種人際關係。舉例來說，也許是我們與伴侶、父母或同事之間的關係，出現一些不樂見的問題。

我們會對自己或別人解釋一段關係哪裡出了問題，像是為什麼離婚、失業，或者關係變淡，每次複述都會讓這些發生在我們身上的事，變得愈來愈像陳年不變的獨白。

某個人在你面前分享他的事情，而你卻感到無聊，對方其實可能也有相同的感受。他也許之前就講過這件事，說不定已經重複了很多次。

一直討論哪裡出了問題或別人說了什麼、做了什麼，只會讓我們離自己愈來愈遠，難以去做出真正的改變。如果能夠讓你所幫助的人試著去表達出，他所在意的對象是如何地令他感到痛苦，就能比較明確地感受到自己的情緒，以及對方的重要性，也會讓他對於這段關係有更多的覺察。

你可以利用**空椅法***為當事人及他所在意的對象安排一場對話。首先在他面前放一張空椅子，然後請他想像對方正坐在那張椅子上。

例如：

長久以來，海拉談到許多對父親的不滿。我邀請她想像父親坐在她對面的椅子上，接下來，當她講到與父親有關的事情時，她得想像自己正對著他說話，也就是要用「你」來取代「他」。這會讓整個氛圍變得很不同，不再是用「他從來不記得我的生日，好像我對他來講一點都不重要。」來描述事件，而是改成由自己為出發點來發聲：「爸，你又忘記我的生日了，我好怕我對你來說是不是一點都不重要。」

我們再看看另外一個例子：

邦緹對她的婚姻有很多不滿，對於丈夫做了什麼或沒做什麼，她都有很多話想說。她滔滔不絕地說著，直到我開始感覺有些倦怠。

於是我在她面前擺了張椅子，請她想像丈夫就坐在那張椅子上，然後試著把她過去曾經對我說的一些事情直接講給她的丈夫聽。她開始顯得慌亂與支支吾吾，我也不再覺得無趣，因為當她開始支吾，表示她正試著講出一些先前沒有說過的事情，我能感覺到她非常投入，而且將從中獲益良多。

如何使用空椅法

要進行空椅法，需要特定的步驟。你可以透過接下來的案例，了解該如何進行。

＊編按：空椅法是一種完形心理治療技術，常用於諮商過程，心理師會引導個案對著一張空椅子表達心中的感受，幫助他與過去的自我和解。

安的叔叔曾令她覺得很受傷，直到今日，她都不想與他有任何接觸，但是在家族聚會時難免還是得見到對方，她對此感到困擾不已。

我將一張空椅子放到安的面前，請她感受一下，她覺得自己的椅子與叔叔亨瑞克的椅子需要距離多遠，才能讓她覺得舒服。當安開始思考這件事，就已經開始與他連結，一段收穫豐富的歷程就此展開。

待椅子被調整到舒服的距離後，我請安做幾個深呼吸，感受身下座椅帶來的支撐感。接著，請她看著另外那張椅子並想像叔叔就坐在那兒。我請她盡可能想像得愈清晰愈好，包括他穿著什麼衣服？他用什麼姿勢坐著？臉上有什麼表情？然後，我請安感受一下坐在他對面的感覺。如果她覺得害怕，我會建議我們把亨瑞克的椅子再移遠一點，或者她可以試著讓想像中的亨瑞克只有原本的一半大小甚至更小。接下來，安所要做的事情就是試著把自己的感受說出來，而且是對著亨瑞克說。例如：

「坐在你對面，想起你曾經搔我癢到讓我幾乎無法呼吸，我覺得很生氣。而且你還無視我的眼淚，說著『噢！別哭嘛！你不覺得很好玩嗎？』這讓我更生氣了。這樣是不對的。我雖然年紀還小，也有自己的感覺，你應該要尊重我。所以我開始變得看到你就感到害怕。」

當安試著把她想告訴亨瑞克的事情全說出來後，這個練習就可以結束。光是如此，就能夠帶給安某種程度的釋懷，或讓心情沉澱許多。她也可以轉換角度，坐到代表叔叔的椅子上，想像自己就是亨瑞克。這時我會先請她大聲地說：「我是亨瑞克叔叔，我六十七歲，穿著破舊的衣服坐在這兒，看著我的姪女，安。」她得試著去感受成為亨瑞克叔叔的感覺，我也會把她當成亨瑞克來交談，我會問：「亨瑞克，聽著姪女告訴你這些事，有何感受？她在講話時，你有什麼感覺？你有什麼想對她說的嗎？」她也許會接著回應說：「我這才知道自己太超過了，難怪妳會跑掉而且再也不想跟我玩。我對自己的粗心大意感到抱歉。」又或者，她可能會說：「我不記得了。」

當叔叔講完後，安可以再坐回她自己的椅子上。然後，她需要先大聲說出：「我現在是安，我三十七歲，我坐在這兒看著我的叔叔。」她得去感受一下亨瑞克說的話帶給她什麼感覺，以及她是否還有什麼想說的。合理範圍內，這樣的對話可以在不同椅子所代表的角色轉換間持續下去。最重要的是，最後一段話一定要是由安回到自己的身分來說出口。

比起單純訴說自己所發生的事情，這樣的對話可以帶來新的可能性，畢竟她之前已經講過這些事情太多次了。如果狀況夠好，這將能帶給她平靜和解脫的感覺，又或是發現可以思考的新事物。

簡易版空椅法

在非專業心理治療的場域裡，使用比較簡單的空椅法會讓人感覺自然一點。對我來說，光是邀請安去想像她的叔叔，以及感受這個過程就已經很足夠了。她或許會想要對叔叔說些什麼，若如此，就讓她試著對著空氣把話講出來也沒什麼不好，她也可以在內心維持對叔叔的印象。

甚至還有更精簡的作法，你可以只是問：「如果你得把你正在告訴我的這些事情說給他聽，你會怎麼說？」這也會擁有同樣的效果，因為對方會從不斷在談論某個人的事情，變成對某個人說話，感覺會更清晰與強烈。

而在你建議他想像自己與對方說話的同時，你可能會看到他的臉部表情變得更認真，情緒也會更明顯。

用空椅法與自己對話

當我們需要與自己對話時，不管是在意識上或其他層面，空椅法會是個好選擇。

底下的例子將告訴你可以怎麼做：

海茵想搬到城市去，同時又不想離開，她開始對無法做決定的自己感到生氣。我請她將兩張椅子面對面而放，其中一張椅子坐著想要搬走的海茵，另一張椅子則是滿懷不安且不想搬往任何地方的海茵。

在第一張椅子，我請她先把自己視為想要搬到城市的海茵，並且用她的表情和姿態去呈現這個部分。對她而言，讓自己完全投入，並滿腔熱情的去講出她對於生活在城市的想像是很重要的。等這個自己想講的話都講完了，再換到另外一張椅子，由充滿不安與擔心的海茵接手。同樣地，她得用肢體語言和表情來展現這個自己，如此才能好好表達她在害怕些什麼。她可能得不斷轉換角色，來來回回地，坐到不同的椅子上，讓對話不斷發生與繼續。如果可以，以提問和回答的方式來進行。例如充滿熱情的海茵可以問不安的海茵：「妳到底在害怕什麼？」而不安的海茵可以問：「萬一妳遇到一個很吵的鄰居，要怎麼辦？」

協助一個人把內在對話說出來，並不代表問題就會解決。他很有可能變得更加茫然。但在接下來的日子裡，他很可能會產生新的想法，而這些想法可以幫助他做出決定。

日常使用空椅法

你也可以把這個方法應用在日常生活中，協助自己釐清思緒或釋懷某些事。如果你正因為某個問題、兩難的困境，或是一段你不太確定該怎麼處理的關係而痛苦掙扎，你可以拿幾張空的椅子來，要求自己的內在開誠布公地進行對話。比起讓一切都發生在心裡，不如讓自己坐在不同的椅子上，對著不同的自己說話，反而還比較容易處理。

我自己也會使用這個方法，像是出現選擇困難時。在其中一張椅子上，我會百分之百屬於其中一種視角，例如認為自己應該要安排更多場演講，而在另外一張椅子上，我則會認為我把時間做不同的運用會更好。當有更多不同的聲音想出現時，可能會需要更多椅子。當我需要發洩自己對另外一個人的感覺時，也會利用空椅法。我會想像對方坐在眼前的椅子上，然後毫無掩飾地展現出我所有的情緒。

這些情緒有可能是正向的或負向的，多半是後者。當我任由自己暢所欲言時，往往會驚訝於我所使用的強烈字眼，那是我平常不太容許自己使用的。但當我宣洩完後，常常會開始大笑。我會放任自己因為生氣而口無遮攔，並享受因此所帶來的解脫感。隨後我會感到放鬆，這往往會激發我的創意，讓這段原本不怎麼愉快的關係變得比較容易處理，且能用比較具有建設性的方式來展開與另外一個人的對話。如果我真的當著另外一個人的面把這些情緒倒給他，可能還要想辦法善後；但如果是透過空椅法將這些情緒宣洩出去，就不會有這個問題。

在表達負面情緒時，我幾乎不會想要坐到另外一張椅子上。如果是一段不怎麼重要的關係，例如可能只是某個沒禮貌的店員，我就會放過自己，不強迫自己非得要從另外一個人的角度來看這件事情不可。

反過來說，如果這是一段很重要的關係，我通常會要自己打起精神來好好面對，坐到另外一個人的椅子上，去感受他們的感覺，如此一來，這個練習將變得有建設性。同樣的，最後要由你坐在自己的椅子、以自己的身分來結束這段對話。

如果你覺得進行了空椅法後，沒有解脫的感覺，很可能是因為你無法克制地做了太多解釋，或者你很難放下理智讓感覺順其自然地流動。其實感覺沒有所謂的對錯，無論喜歡與否，我們就是會有感覺。我們以為只要什麼都不說，就不會傷害到任何人，事實卻正好相反。舉例來說，在你大喊「滾開！我永遠不要再見到你！」的同時，你可能會感覺自己其實是想再見到對方的。如果你能把所有的感受都說出來，過後也許會發現自己對這個人的看法友善許多。

會無法感受到放鬆或解脫，也很可能是因為你主要都還是在談論關於另外一個人的事，而沒有真的潛入內心深處去發掘你真正的感受。試著完成底下這幾個句子，也許能夠為你帶來一些想法：

- 我想要……
- 我很抱歉……
- 我無法承受……

- 我實在氣炸了，我很想要……
- 我很害怕……
- 我不喜歡……
- 我覺得……

很重要的是，你得持續想像對方就在你的面前。如果你發現對方的影像開始淡出，你可以試著去想像特定的細節。例如對方穿著什麼衣服？梳著什麼樣的髮型？身體呈現什麼樣的姿態？他在笑還是看起來有點緊張？記得，如果狀況變得讓你感到過於害怕，你可以拉開椅子的距離，或是把對方想像成只有原本的一半大小就好。

本章重點

- 我們總會不斷向別人說起在自已身上所發生的事，隨著一而再、再而三地訴說，這些故事幾乎成了不斷重播的錄音。
- 若當事人不再只是談論對方，而是試著用「你」作為開頭來和對方談話，將會啟動新的轉變。他平常敘述這些事情時所慣用的解釋和內容會開始瓦解，也許會浮現新的意象，產生新的自我覺察。
- 例如，你可以邀請對方想像所談論的人正坐在他前面的空椅子上，然後請他們直接對話。
- 當你想要宣洩自己的感受或者想要釐清思緒，也可以使用空椅法。
- 當你能夠試著把內在對話從想法轉換為實際說出口的對談，許多內心的糾結與掙扎會易於處理得多。你可以利用兩張或更多的椅子，輪流坐到上面，表達不同的觀點。

Chapter

08

透過寫信
帶來新的覺察

寫信給另一個人的作法，與空椅法有異曲同工之妙，是將焦點從「談論對方」轉為「直接與對方說話」。若能讓你所幫助的人，把他的痛苦直接講給關係中的另一方聽，將有助於他覺察自己投注在關係裡的情緒，以及另一個人對他的重要性。而且，將自己的困擾表達出來會為免疫系統帶來好處。研究發現壓抑情緒會造成壓力，而壓力會導致免疫功能低下。因此無論面對的是什麼狀況，能宣洩出來都是好事，即使只能寫在紙上也不無小補。

在前一章，我請安想像她叔叔坐在椅子上。除了這個作法，我也可以邀請她寫一封信給叔叔，並於下次晤談時帶來，大聲地念給我聽。

這封信可以假設為道別。因為當一切即將結束，總讓人特別有感觸且多了幾分在意。例如，可以想像自己即將搬到地球的另一端，且無從得知是否還有機會見到這個人。

在建議別人進行這個練習之前，你不妨先親身體驗一下。不如就拿你的某段關係來試試？如此一來，你就能感受心靈變澄澈的感覺，或許還能因此獲得一些寬慰，也更有立場和底氣去邀請別人嘗試。

以下提供信件書寫練習的指引。

首先，請確保你有充裕的時間，在這段時間內你都不會被打擾。從傾聽內在的聲音和感受開始。當你把注意力擺在想寫信給他的這個人身上時，你有什麼感覺？試著對自己的感覺誠實，不要隱藏或壓抑。

坦然面對，是這封信很重要的起點。因此，在寫下「親愛的（或嗨）亨瑞克」之後，可以根據以下問題來尋找靈感，協助自己完成這封信，若你想寫的是完全不同的東西也沒關係。

- 想像你再也見不到他，你覺得可能會失去哪些快樂？
- 有什麼是你想感謝他的嗎？
- 這段關係裡，有什麼地方是令你感到不愉快的？有什麼是你會想逃避的？

- 你會希望他能給你什麼嗎？
- 有什麼話是他說了之後，會讓你覺得好一點的嗎？
- 你在這段關係中曾有哪些付出？（例如：「當我……你似乎很快樂」或「當我……你似乎不那麼痛苦了」）
- 你會想再多給出什麼？
- 你希望你們的關係是怎麼樣的？
- 你希望自己現在可以跟他一起做些什麼嗎？
- 你在這段關係中錯過了什麼？
- 你想給他哪些祝福呢？

以上問題不見得適用於所有關係，但「感謝」是一項很重要的存在。因此，即使你所感受到的情緒大部分是憤怒，也試著找出能感謝對方的事或給出祝福，這會對你有所幫助，因為這些正面情緒有助於放下。「珍重再見」

（farewell）這個詞本身就暗喻著祝對方好運[2]。倘若你放下這段關係——縱然只有十分鐘——這短短的分離也能讓你更加清晰地照見自己、對方，以及你們的關係。

在撰寫書信時，你或許會因為沉浸於情緒而忘了時間，以及自己身在何方。如果想哭，就讓眼淚落下，這一切都會帶來莫大的寬慰。

為了讓信件書寫發揮最大的效果，寫完後，務必大聲地念給某個能作為見證者的人或物聽，這可以是你的朋友、寵物，或是森林裡的樹木。

譯註②：「farewell」這個字是由「fare」（旅行）與「well」（好）所組成，因此也有祝福別人「一路順風」的意涵。

寫信，可以看見自己的需求

書寫信件，也可以用來探索自己的期待。你可以建議當事人以另外一個人的身分來寫信給自己，內容得包括他期待從另一個人那兒聽到的所有東西。這樣的信件往往能令人大開眼界。如果安想要寫一封亨瑞克叔叔給她的信，我猜內容可能會這麼寫：

親愛的安，對於我曾做過的事，我感到萬分抱歉。我觸犯了妳的界線，這是不對的，我至今仍覺得慚愧。妳覺得妳有可能原諒我嗎？愛妳的亨瑞克叔叔。

在亨瑞克鄭重地道歉後，如果安認為能接受再與他有所接觸，我們就透過信件書寫找到修復這段關係的重要線索了。

當以另一個人的身分寫信給自己時，信件內容完全不需要符合現實，大可以天馬行空的讓另一個人講出自己最想聽到的話，不管在現實生活中，他是否真的會說出那些話。

等對方寫完信後，你可以請他大聲念出來。這封信的內容能引導他了解自己真正渴望的究竟是什麼，儘管一切全出自他筆下，但有時仍能帶來安慰。

如果你所幫助的人對於自己所求為何其實不甚了解，可嘗試利用以下問題幫助他進行思考：

你可能會因為對方做了這件事而感到快樂……

- 他表示欣賞你的某個特質，若是如此，那會是哪個特質呢？
- 他為他做過的事或說過的話道歉，若是如此，那會是什麼事呢？
- 他表示想要和你一起做某件事，若是如此，那會是什麼事呢？
- 他告訴你，你對他而言很重要？
- 他告訴你，他知道自己做了一些傷害你的事？

- 他告訴你，他對某些事感到後悔？
- 他告訴你，他愛你？
- 他感謝你曾做過的某些事（是什麼呢？），或感謝你的存在？
- 他希望你們能嘗試發展更親密的關係？
- 他肯定你做了某些很棒的事？
- 他告訴你，你大可自在地選擇獨處，或與其他人互動而不用擔心他，因為他是個成熟的大人，即使你不在身邊，他也能自找樂趣。
- 他欣賞你和他的差異，以及你們意見不同之處？

如果當事人正在氣頭上，練習以令他生氣的人的身分來寫信給他，效果會特別好。因為生氣背後多半有著未被滿足的需求，透過這樣的信件來看見自己真正渴望但未獲滿足的事物，他可以想辦法去獲得，又或是乾脆放下期待，直視自己的失落，讓憤怒逐漸轉為悲傷。

先示範如何書寫

讓對方知道你也會利用書寫信件來沉澱自己，他會更願意了解要如何進行。要撰寫一封信，可能比想像中還難。因此要請任何人回去做這項練習之前，我會先確認他已充分了解這項練習的內容，以及他是否知道要如何進行。我會請他試著說說信件前兩行的內容，有時候也會請他把信件的結尾先講給我聽。他有可能會不知道該從何下手，遇到這種狀況，我會建議他如何起頭。

打破僵化的思考模式

如果你所幫助的人在與你談過之後感到困惑與迷惘，這也許是好現象。每個人都有自己慣用的思考模式，你可以把思考模式想像成一幅拼圖，新的思維改變了其中的一片拼圖，所以他再也拼不回原本的圖樣，再也無法用原本的思考模式來想事情，才會陷入茫然之中。

能在一次的對談中釐清某些思緒或想法是很棒的事。然而，有時候事情無法推進得那麼快，在準備好接受新的自我覺察與用新的角度看這個世界之前，可能會需要經歷混沌。踏出既定思考的舒適圈，進入對一切人事物都感到混亂與充滿未知的狀態，意味著「即將在更深的層次有所成長」。

就算發現對方在與你談過後，感覺好像更糟了，也不需要馬上有罪惡感，因為你很可能幫忙他跨出了第一步。有些人會因為被幫忙的人哭了而感到自責，但說不定對方是因為更能碰觸到自己的內心感受，才會落淚。

待在熟悉的事物裡會讓我們感到安全，所以即使知道自己慣常使用的舊模式對我們沒有好處，或已無法再帶給我們好處，仍會受困其中多時。畢竟要踏上不同的道路，總會伴隨一定程度的焦慮或混亂。

本章重點

- 透過寫信，可以把糾結於內在的感受表達出來，這可以帶來撫慰，讓我們的思路更清晰。
- 撰寫道別信，有助我們看見一段關係的重要性和產生新的想法。
- 以另一個人的身分寫信給自己，則能讓我們了解自己的期望和需求。
- 藉由這個周全的方法，你不再只是談論問題，而是能直接與問題的另一方展開對話。這樣的過程會打破既有的思考模式，而在新的思考模式形成之前，你可能會有好一段時間處在混亂與茫然之中。

Chapter

09

專注於你們之間

你將在本章學到一個有效的方法，讓對方能更加貼近他自己，並在你們之間建立更深的連結。

對談時，我們往往投注大量心力於談話內容，但其實還有更重要的部分值得去注意，像是：身體的反應、彼此的心情、措辭的用意與效果。當開始談論對話的方式，以及發生在彼此之間的事，我們與自己或對方的距離就會愈來愈近。

身為心理治療師，我會把握機會討論互動的歷程。出了治療室，要完整地做到這件事難免會顯得不自然，但你還是可以採用其中的某些技巧，利用一些能融入你所在情境的問題來進行這件事。

以下是三個建議關注的重點：

1. 內心小劇場（Internal dialogue）。

2. 感受與心情。

3. 喜歡或不喜歡正在發生的事情。

針對每個重點，都有相對應的問題可讓你用來把談話的焦點從內容轉移到欲關注的重點。

了解他的內心小劇場

你所幫助的人在開口講話前、講話的過程中、到講完後，內心小劇場其實都不斷地運作著。這些運作往往比起他說出口的話，透露出更多關於他的訊息以及他的處世之道。

利用以下的問題，可以進一步了解對方的潛在想法與意圖：

- 對於你的問題，你希望我的回答是什麼？
- 你告訴我這件事時，想了些什麼呢？
- 透過告訴我這些事，你想達成什麼目標？例如，你希望我給你建議，還是你只是需要有人聽你說說話？
- 是什麼讓你決定對我說這些？在決定告訴我這些之前，你在想什麼？
- 你希望我如何看待你呢？
- 你最討厭別人用什麼方式看待你？
- 你是否在努力避免我看見某部分的你？

記住，也不是所有人都會想很多。有些人就是單純地說出想到的事情，而沒有過多考慮，例如聽者是否會覺得有趣……等等。如果對方覺得難以回答上述問題，意味著他可能是有話就脫口而出的人，開口之前不會刻意多想；當然，也不排除他覺得那些問題太過私人，不想回答。

談談對話中的感受與心情

與你對談的過程中，當事人會經歷各種情緒和心情。他陳述的事情也許會牽涉到害怕、憤怒、放鬆、快樂……等等。你的話語也可能激起他不同的感受與心情。如果你能邀請對方，說說在談話過程中的情緒變化，將會增加這場對話的深度。以下是可以參考使用的問題：

- 對我們之間的談話，你的心情如何？
- 在訴說這些事情時，你有什麼感受？
- 聽完我剛剛對你說的話後，有出現什麼感受嗎？
- 當我們待在一起時，有哪些感受或心情是你希望或害怕出現的嗎？
- 當講到……時，你狀態如何？這會讓你更貼近自己的感受，還是離得更遠呢？

- 你對自己正在說的話有多投入呢？我總感覺，你好像即將重複其他時候也講過的事，對嗎？
- 你對於剛才告訴我這些事有什麼感受？你感到舒服或解脱嗎？還是你認為不太確定我會如何看待這些事？

隨著情境的不同，你可能會發現許多問題講起來不太自然，但你也許可以試試其中一個或兩個，又或是透過它們來尋找靈感，然後以你覺得比較適合的說法來提問。

對當下狀態的喜惡

對於我們所說的或聽到的事物，有一些會受到我們的青睞，有一些則沒有那麼被我們所喜愛。有些人完全不會去感受，他們有多喜歡在談話過程中所發生的事，或許是因為他們習慣於迅速地計算在該情境中，別人對他會有什麼期待，而不是去判斷自己是否喜歡當下的狀況。如果你所幫助的人有這種情形，他需要更聚焦於自己的內在，去感受他對當前狀況的好惡。換句話說，他得把焦點從認為別人對他會有何期待，轉移到別人是否符合他的期待、他是否喜歡這些人、是否喜歡他們所做的事或沒做的事。

以下是你可以使用的問句：

- 你對於我們現在的互動方式有什麼想法？你喜歡我們對話的步調嗎？會太快或太慢嗎？
- 過程中有沒有什麼地方是你不喜歡的？
- 你對我說話的方式有什麼感想呢？會覺得我講得太多或太少嗎？
- 對於在我面前露出難過的模樣，你會有什麼感覺呢？

- 你覺得我們正在聊的是你想談的話題嗎？還是你有其他想討論的呢？
- 你喜歡我聽完你說的話之後，回應你的方式嗎？
- 你對我們之間的距離有什麼想法？你希望我們可以再靠近一點，還是離遠一點嗎？
- 你覺得我們面對面坐比較好，還是斜對面或並肩而坐呢？
- 當我看著你時，你感覺如何？
- 你希望我們的眼神接觸可以再多一些或少一些嗎？
- 對於我有時候會打斷你並複述你說過的話，你有什麼感覺呢？
- 對於我的提問，你有什麼感覺？你會希望我怎麼做嗎？
- 我覺得你似乎不太想回答我的提問，是這樣嗎？

展開新的對話

將焦點轉移到那些平常不會用語言表達出來的部分，能帶來新的話題。

以瑪莉為例，她話很多，總是滔滔不絕地談論她孩子的朋友，我愈聽愈無趣，於是問她：「妳為什麼要跟我說關於妳孩子朋友的事情呢？」她愣住，停了一會兒後說：「其實我也不知道。」接著是一段沉默——沉默的時光很珍貴，代表我們正在與自己連結。她繼續說：「我的確有別的事想跟你說，但不知道該從何說起。你能幫幫我嗎？」無庸置疑地，這場對話終於要進入正題。

「在跟我講這件事情時，你有什麼感覺呢？」這個問句也經常引發驚人的轉折。對方或許很擔心自己會被評價、會哭出來、人家會覺得他很怪、沒有足夠時間娓娓道來，或被認為他在背後講別人的不是。又或者，他認為自己不該談論不在場的人，所以內心正為此掙扎不已。

要一邊傾聽對方所講的內容，還要注意對話當下所發生的各種情形，是很不容易的一件事，需要經過訓練。剛開始時，很容易被排山倒海而來的資訊給淹沒，每個訊息都會引發一些想法。也因此，適度的暫停有其必要。當你需要消化所聽到的和引起你注意的事情時，可以請對方先等一等，給你一些時間處理。記得，暫時的沉默不只是為了你好，也會為說話的一方帶來好處。第二章曾提過的鏡映技巧可用來複述所聽到的事，與放慢對話步調。當你重述對方所講的內容，且試著反映你所接收到的其他訊息，像是講話的語氣、肢體語言……等等，你就同時在處理這些資訊了。

將焦點轉移到此刻

當我們聽到一段關係出現障礙，很難判定出誰是有問題的一方。說話者會從自己的立場描述狀況，所呈現的內容很容易讓人認為聽起來幾乎都是另一個人的錯，更不用說通常只能聽到片面之詞。因此若能把焦點擺到你們兩人之間，通常會有更多能討論的地方，也比較有趣。以下舉一個例子給大家參考：

一名女性談及她很受不了同事的抱怨，我問：「如果我現在馬上開始抱怨某件事情，你會有什麼感覺？」暫停片刻後，我立即說了一些對天氣的抱怨，然後詢問她的感受。

去討論發生在你們之間的事，能將焦點放在此時此刻，這帶來的效益遠遠勝過不斷討論過去發生的事或不在場的人。以下再來看看另一個例子：

凱琳說：「有時候，別人會在我對他們說話時移開視線，也許他們不想看著我，想必是因為我的外表不討喜。」

協助者：「你有注意到剛剛你在講話時，我把視線移開了嗎？」

凱琳：「有，所以我才會想到這件事。」

協助者：「你為什麼會覺得自己『不討喜』？」

凱琳：「有時候我會端詳鏡子裡的自己，我看不出來，但很可能別人看到我沒看到的東西。」

協助者：「你想知道我看到什麼嗎？」

凱琳：「我很害怕你會講出什麼，但我想聽聽看。」

如果你們可以用這種方式討論問題，了解雙方的看法，將會獲益良多。關鍵問題在於：「想像我就是那個（批評你的人、離開你的人、拒絕你的人）……這會讓你有什麼感覺？」

即使你正在使用本書所提到的其他方法協助對方，也還是可以好好利用在你們互動過程中所發生的事。舉例來說，如果你想請他練習同理別人，比起詢問：「你覺得你同事可能是什麼感覺？」不如問：「你覺得我可能會有什麼感覺？」「你覺得當我聽你訴說這一切時，會是什麼感覺？」或「你覺得你剛才所說的一切，有可能會對我造成什麼影響？」如果他總認為，別人不是非常快樂就是非常負能量，那麼他很可能也會這樣看待你。也有可能他覺得你就是坐在那裡，愈聽愈不耐煩、急著想回家；又或是覺得，你對他的話印象深刻到說不出話來。無論是哪種情況，當你邀請對方回答前述問題時，他的「我認為」就受到挑戰，讓他有機會了解別人的感覺以及別人如何看待他，進而更貼近現實。

他想從你這裡獲得什麼？

先前談到透過書信撰寫期待，有助於了解自己想要的是什麼。如果你直接詢問對方想從你這裡得到什麼，這場對話就會更有張力。像是詢問：「你可以想像一下，我若說些什麼或做些什麼，可能會讓你感覺舒服許多呢？」

對方或許會講出一些你能輕易做到的事，例如給他一個微笑或保證你喜歡他。若是如此，他就獲得一個大聲說出自身需求的正向經驗，或許之後他也會願意在其他關係裡試著這麼做。

如果你拒絕給出他希望從你這裡獲得的東西，就會為這場對談留下一個拒絕的感受。他會如何解讀你的拒絕？他的想法會是什麼？他如何應對這件事？

若對方有尋求他人認可的傾向，這一定也會發生在你們的關係當中。他或許不會意識到這件事，也不見得會有很明確的表達，但你可能會從眼神裡看出他有多想聽到你的肯定與稱讚。當你把你的觀察反映給他，他就獲得了很重要的回饋，這能幫助他了解自己對認同的渴望，會如何在關係裡造成問題。

然而，這個方法也會有行不通的時候。像是這個問題在你們之間並不明顯，或是對方因為太過害怕而隱藏起來，又或是擔心如果他講出來的話不討喜，會令你感到被批評。這也沒關係，這個方法雖然在此時此刻沒發生效用，但很可能等你們更熟悉彼此或等他準備好，就有機會派上用場了。

覺察彼此之間的影響

當我們允許在對話過程中，去談談發生在兩人之間的事時，就有機會發掘我們對彼此的意義和影響。比起埋頭苦幹，大多數人更需要討論意義所在。但這需要勇氣，因為要在對談的過程中進行深度的揭露可能會令人感到害怕，尤其是你不習慣這麼做的時候。但透過練習，你會慢慢熟悉這種感覺。

身為協助者，你可以試著用「你會想知道我如何看待你，以及我們能一起做的事嗎？」來為你們的談話起頭。

如果對方說「好」，你可以從簡單的部分開始。也許是當你們共處時，你所看到、聽到、或感覺到的。以下舉出幾個例子供參考：

- 我覺得跟你在一起的時候很舒服。
- 有時候，我會好奇你從我們的對話裡收穫多少。
- 你對我很友善。
- 當你講話又急又快時，我會聽得有點吃力。
- 有時候，你講話的聲音很小。
- 當你談起工作上的事時，我有時會感到無聊。我希望你講些新鮮事給我聽。
- 你把目光移開時，我有時會開始感到不確定。
- 我發現你常在撥弄頭髮。
- 當你講到……，你眼裡充滿了感激的神采。
- 你講話的語氣有時候會帶著一絲苦澀。
- 當你在說別人的壞話時，我感覺到那些話背後隱含著你的痛苦。
- 有時候你看著我的方式，會讓我覺得似乎欲言又止。

如果你想再周全一點，不妨追問：「聽到我這麼說，你有什麼感覺？」若一切進行順利，可以繼續下去或建議兩人角色對調，對方就有機會講述對你的感覺。如此一來，你和你所幫助的人都能了解你們對彼此的影響，這些資訊會非常有用。

藉由這樣的過程，也有機會修正一些與真實狀況不相符的看法。

本章重點

- 如果能在對談的過程中，去看見正發生在你們之間的事，把焦點放在此時此刻，彼此會激盪出更多可能性。像是去了解對方的感受、意圖或內心小劇場，就有可能開啟新的話題，你們的互動也會帶來更加豐盛的收穫。
- 比起只是聽當事人談論他和別人的問題，不妨觀察類似的狀況是否也發生在你們之間，有助於更精確地了解是什麼造成了他的困境。
- 當雙方都能勇於說出彼此在當下所體驗到的一切，這場對話將會讓你們更靠近彼此，為你們共同擁有的此時此刻，帶來新的洞見並銘記於心。

Chapter

10

認識自己的焦慮

焦慮或多或少都會出現在你所幫助的對象身上，有可能是他問題的一部分，或存在於他的不滿中。無論如何，他很可能從未意識到自己的狀況會與焦慮有關。

許多人認為焦慮是很嚴重的問題，只會出現在有心理疾病的人身上。如果你想幫助另一個人處理他的焦慮，我建議你先回頭看看自己的焦慮。

每個人都對焦慮有一定程度的了解。最低程度的焦慮是輕微的不安。我們都經歷過難以放鬆的情境，會感到坐立難安或內心無法平靜。

接下來你將會看到許多與焦慮有關的症狀，焦慮程度由下往上增加：

心臟狂跳

胸悶／嘔吐

意識模糊／暈眩

不真實感

頻頻跑廁所／噁心

雙腿發軟／發抖

脹氣

難以組織想法

全身出汗

如坐針氈／焦躁難安

掌心冒汗

身體緊繃

雙手緊握／雙唇緊閉

忐忑不安／難以放鬆

輕微不安

以上僅列出部分與焦慮有關的症狀，並非全部，實際會有的狀況比這裡所列出的還要多出許多。

了解你的焦慮模式

你可以有好幾個小時、好幾天，或好幾周都處在深層放鬆的狀態裡。然而在某些時候，你可能會感到輕微或強烈的焦慮。能意識到焦慮症狀的出現是件好事，那就可以繼續關注狀況的發展，無論是針對你自己或是你要幫助的人。

有些人很擅長應付壞消息，但有些人可能會被憂慮擊倒，並持續好一段時間無法感到快樂。我們多數人對這兩種反應都很熟悉。同一件事情，如果發生在原本就已經很糟的一天裡，會讓我們跌到谷底；但如果是發生在很美好的一天中，我們的負面反應會輕微得多。

為了快速判定焦慮程度，我會想像一張從0到10的評分表，依據我自己的焦慮經驗來判斷，10代表焦慮度最高，0則是完全放鬆。這張表並不是用來讓大腦進行風險評估，而是在掌握我的身體感受與擔心的程度。我有多焦慮呢？我有多少想法卡在危險與擔憂裡？

例如對我來說，旅行啟程的前一天、需要做出重大決定，或發生新的且非預期的事情時，我的焦慮度會變高。在那些時刻，我的憂慮會迅速發展，甚至加倍。在那樣的日子裡，一個意想不到的語氣，都會讓我擔心對方是不是對我有成見；而一個突如其來的聲響，都會令我立即擔憂地想到是不是有人闖空門。

能夠了解自己的焦慮模式，對我很有幫助，因為這樣我就能安撫自己。例如，在要進行演講的前一天，我就會提醒自己，當前的強烈擔心，很大部分來自於我目前正處在壓力下。待完成演講後，擔心的強度就會大幅下降。如此一來，即使感受到焦慮度上升，也不會過於擔心和在意，因為知道當壓力源消失後，那些焦慮的感覺會慢慢平靜下來。

你或許曾在半夜醒來，突然被強烈的擔憂給籠罩，身邊所有事物彷彿都失去控制，心情跌到谷底。然而到了翌日，當陽光驅散黑夜，你開始看清自己的擔憂，發現昨夜幾乎將你擊潰的，只是個已有解方的小問題。你甚至會覺得昨晚的自己有點好笑，躺在床上，覺得天要塌下來了，但其實根本沒那麼嚴重。

經歷轉變時，焦慮度也會升高。任何新的、未知的事物都會讓我們感到焦慮。正如每次迎來重大體悟，像是——對自己於這世界的存在，有了某些新的和有意義的發現——之前，我總會焦慮不已。事後看來，完全可以理解何以在當時即使是一點小事情也會被我想成大災難。有過太多次這樣的經歷後，我現在很清楚當焦慮度上升時，可能意味著有一些新的想法和洞察即將誕生。在這種時候，大可以把那些擔憂擱置一旁，將注意力轉到其他事物上。我曾試過投身大自然，一邊散步一邊聽廣播或有聲書。

是恐懼還是焦慮？

許多人會把恐懼和焦慮區分開來。兩者的症狀相同，卻有以下差異。

恐懼（fear）：是對實際危險的真確評估，你總是在害怕某種事物。通常有特定的恐懼對象如疾病、被炒魷魚，或一隻掙脫牽繩且充滿攻擊性的狗。

焦慮（anxiety）：你通常不太清楚自己為何無法放鬆。也可能約略知道，但往往不是很具體，像是也許和未來某處的某個未知事物有關之類的。

在實務上其實很難將兩者加以區別。不明原因的焦慮會讓人很不舒服，因此，我們會想要把焦慮和特定的事物連在一起。我們多半能很快就想到周遭的某些事情，也許是某個症狀，或某件不久後得做的事，來合理化這份焦慮。而且往往在意識到之前，我們已做好歸因。例如，我們先是感受到無法與任何特定事物連結的坐立難安，但很快地，我們會把這種感覺與某種事物連結在一起，像是擔心身體健康、擔心重要的人即將遠行等。為焦慮尋找原因會帶來舒緩的感覺，也能為我們的感受找到意義，如此一來，它也會變得比較容易被談論。

即便我們認為已經知道自己焦慮的原因，實際狀況卻可能不僅如此。而這些「不僅如此」可能涉及一些我們尚未掌握到，但卻會令我們不舒服的事物。也許是一段重要關係裡的議題、也許是有新的事情要發生、也許是有一些被壓抑的感受或新的覺察正要浮現、也許是你需要做出改變。

焦慮會有其真實性，像是即將參加一場考試而你很擔心無法取得好成績，這夠真實了。然而，其中也可能還摻雜著某些因素，讓你出現不成比例的恐懼。如果你在考試前感到頭暈目眩或心跳加快，彷彿生命遭到威脅似的，那麼你焦慮的，可能不僅僅是考試的結果，還有其他問題在底下作祟。

恐慌型焦慮作用

有些人所感受到的焦慮實在太過強烈，這可能會成為問題。如果你曾經歷過恐慌型焦慮（panic anxiety），就會不自覺地開始注意起自己的焦慮症狀，並害怕它再度發作。在這種情況下，有時候對焦慮的焦慮，反而是問題所在，這也是何以你需要友善地對待自己的焦慮。你對焦慮了解得愈多，害怕就愈少。試著弄懂焦慮的作用方式，會帶來一些幫助，我將其簡單描述如下：

大自然賦予人類焦慮反應，是為了一旦察覺到危險，身體會出現戰鬥或逃跑反應（fight or flight），甚至僵住在原地（freeze）。後者常見於爬蟲類，目的是為了讓掠食者誤以為牠們已死亡，而停止或放棄攻擊。

戰鬥或逃跑反應是指當身體準備對眼前的狀況進行反應，心跳會加快，呼吸也會變得急促。這時我們往往會出現胸口緊繃、暈眩或其他不舒服的感覺。血液會流到大肌群裡，讓手、腳盡可能產生最大的力氣，為我們做好戰鬥或逃跑的準備。這也意味著會有大量的血液從腦部離開，因此在這段時間內我們會變得難以專注。此外，血液也會離開腹部，造成胃部不適、噁心、腹瀉，甚至嘔吐。

當我們生活在大草原，得面對敵對部落或危險生物時，焦慮作用有其存在的必要性。時至今日，這樣的焦慮作用卻反而會帶來困擾，像是某些人總是在上台演講前，飽受因焦慮而來的胃痛與噁心感折磨。然而，若能認知到這一切都是焦慮作用在作祟，是一件好事，代表這種生理上的狀況只會持續幾分鐘，而不是真的生病了。二〇〇五年九月，我曾經歷過一次恐慌發作，而對焦慮作用的了解在當時幫了我很大的忙。

我和我的恐慌型焦慮

我曾在丹麥久斯蘭半島擔任牧師。那是某個星期六，我總共要主持三場婚禮和一對雙胞胎的受洗儀式。但前一天才辦理一位年輕母親與三個孩子的喪禮，還跟男朋友吵架的我，實在是累翻了，我很擔心自己會不會搞錯那對雙胞胎或新郎的名字，因為其中兩位新娘有著相同的姓氏。

下午一點，我開始為雙胞胎進行受洗。站在洗禮池旁，我疑惑著自己是否有將禮儀書翻到正確的頁面。我一邊念著信經，一邊忙亂地翻書。突然間，我感到心臟快速跳動，身上開始冒汗，雙腳發軟，呼吸變得不規則，甚至不確定自己是否吸入足夠的氧氣。

如果不是學過焦慮的作用，我肯定會覺得自己快死掉了。但感謝上帝，我知道那是焦慮在作祟，而不會真的危及生命。只是我在當下還是感到非常不舒服，且很擔心自己會暈過去，我的聲音愈來愈微弱。

然而，我還是設法為雙胞胎完成受洗儀式。當時若有其他牧師在場，我大概會把事情都交給他們，直接回家休息，因為我全身是汗，非常擔心自己無法負荷後續的三場婚禮。

在經歷恐慌發作之後，能盡快重新振作起來是很重要的。就某程度而言，我很幸運，在那個星期六，我是那間教堂唯一的牧師，且教堂位於市郊，因此各項條件都不允許我落荒而逃，我無法對新郎、新娘以及前來參加婚禮的賓客們說請他們擇日再來。在我看來，除了想辦法撐過去，別無選擇。

那天的每場婚禮，我的演說或多或少都出了些差錯，我的呼吸變得很奇怪，那幾乎占據了我所有的注意力。我無從得知胸口的壓力是因為我吸了太多空氣，還是吸得太少，因此我不再深呼吸，而是試著稍微憋氣。於此同時，心臟幾乎快要從胸口跳出來，汗珠直冒，聲音變得愈來愈虛弱。

待最後一對新人離開教堂，我總算可以鬆口氣，也幾乎虛脫了。我問當天同在教堂裡的管風琴手覺得這天整體感覺如何，他說他覺得我好像很不專心，但他猜想可能是在場有太多小孩的關係。

當焦慮發作時，內在的感受會非常強烈，因此我們常會懷疑自己看起來很像瘋子。事實是，從外表可能根本看不出任何端倪。幸運的是，也因為熟知這點，所以那天我能謹記著這件事，努力撐過一切。

就某個角度而言，我無法離開教堂，且必須設法盡快回到引發恐慌的那些情境裡，是件好事。畢竟若在當下逃離情境，逃離那個牧師的工作，一切將會成為永遠未被克服、恆存於心的可怕記憶。但由於當時能迅速重拾教堂的工作，因此我在那次之後就沒有再經歷過那麼強烈的恐慌發作。對我而言，那是一次演示，讓我知道即使感到像在冰上打滑、快要失去控制，我依然有能力為自己做些什麼。

本章重點

- 當你對自己的焦慮和症狀有所了解，就更能幫助別人處理他們的焦慮。
- 對焦慮的感受會因人而異。
- 有些人會體驗到極度強烈的焦慮，幾乎是恐慌的程度。
- 當身體的焦慮作用無預警地開始運作，我們往往會以為有什麼很嚴重的問題。但焦慮其實不危險，它會隨時間慢慢消褪。

Chapter

11

協助他人處理焦慮

一旦你對自己的焦慮及相關症狀有所認識，就更能從你所幫助的人身上辨認出焦慮的存在。

焦慮的身體語言

你或許會注意到對方講話的速度開始變快、臉色蒼白、冒汗或在椅子上坐立難安。當焦慮出現，意味著正觸及了很重要的東西。坐立難安可能顯示出他很靠近某些極其重要的事物。大多數人在提及令他們感到難以談論的議題，或最強烈的期待與渴望時，就會出現某種程度的坐立難安。

如果焦慮令人過於不舒服，當事人很有可能自行改變話題。身為一個心理治療師，我通常會指出話題的改變，並請他試著停留在原本的話題久一點，否則很可能會錯失增進自我覺察的機會，又或是因為太快轉移到其他議題，而無法透過生命中的某些情境發覺到重要的事物。

在治療室以外的情境，需要更加小心。可以簡單地讓對方知道，你覺得他剛才講的東西似乎很重要，如果之後他願意，你很希望再聽他多說一點。

如果你們談論的是很不容易處理的問題，轉而討論有哪些資源能提供協助也許是個不錯的作法，像是問問對方過去遇到類似狀況時是怎麼處理的。如果你想繼續討論可用的資源，不妨扣著原本的問題，邀請對方說說過去成功克服的經驗：「你那時做了什麼，能夠處理得這麼好？」

若強烈的焦慮襲來

若當事人很害怕自己的焦慮，你可以先幫助他了解與焦慮有關的知識，以此作為一個開始。把你對焦慮所知道的一切都告訴他，並推薦相關書籍給他。

如果對方在當下感到強烈的焦慮，可以協助他與自己的身體建立更好的連結，這會減緩焦慮的感受。建議他想像吸進去的空氣傳送到每根手指和腳趾，或是起來走走感受一下腳的感覺。他愈能掌握身體的感覺，焦慮就愈少。

恐慌發作後的那幾個禮拜，我每次踏上牧師講壇都會感到些許不安。後來我會試著把鞋子脫掉，只穿著襪子站在上面，那能讓我感到穩定和更有力量面對焦慮。

被焦慮侵襲時，告訴自己「這並不危險，那些感覺會慢慢消褪，而且從外表上幾乎看不出來」，也可以舒緩不舒服的感受。

與焦慮對話

先前曾提及評估與追蹤焦慮度的重要性，像是詢問對方：「從0到10分，你現在的焦慮程度是幾分？」這時就是在協助對方從焦慮中跳脫出來，以客觀的角度去檢視自己的焦慮。

此外，即使是很輕微的焦慮也可能會剝奪生活中的快樂，因此追蹤焦慮度的另一個好處是，如果發現自己始終無法百分之百放鬆，很可能就需要尋求協助了。

這種緊張感可能積習已久，可以透過瑜珈、冥想、伸展操或類似的放鬆活動來舒緩。如果這些方式幫不上忙，不妨找心理師，透過探索坐立不安的感覺來學習如何找到內在平靜。

你也可以拿一張椅子，請對方想像他的焦慮坐在那張椅子上，只要他能與自己的焦慮展開對話，就有機會出現新的可能性。諸如「焦慮，你想從我身上得到什麼？」就是很好的問題。之後換他坐到焦慮所在的那張椅子上時，或許他也會感受到焦慮想告訴他的事。重要的是，保持一顆開放的心去聆聽焦慮想傳遞的訊息。例如，我是不是承擔得太多也太久了？我是不是即將轉變為一個有點陌生、連自己都不太認識的人？我是不是有哪些方面一直在沉睡，但即將甦醒？丹麥哲學家齊克果（Søren Kierkegaard）認為如果你過著缺乏靈性的生活，那麼焦慮的出現意味著你的靈性即將覺醒。

試著不再逃避

遇到令人驚恐的情況時，人們的第一反應往往是拔腿就跑。曾有一位個案對我說，他有次參加了一場活動，結束後，參與者們聚在一起閒聊，他完全不認識那些人，所以沒什麼安全感，只想趕快離開。但在轉身離去的途中，他突然改變心意，又回頭加入大家，結果比想像中還愉快，他也交到好幾個有趣的新朋友。

面對焦慮會帶來好處，因為一旦我們開始了解與熟悉新的事物，通常會發現它很安全，而我們也會很樂於拓展視野或讓生活又多一些選擇。

我們多半會對新的未知事物感到害怕，但即使像上台演講、開車上高速公路等令人感到危險的情況，也會在進行夠多次之後而變得熟悉。

有些人無論說什麼都很難去嘗試那些看似危險的事物，他們甚至會因為焦慮被過度誇大而出現恐懼症（phobia）。像是恐懼蜘蛛、飛行、搭電梯、在眾人面前說話、約會等等。以蜘蛛恐懼症為例，解決這種問題的作法之一就是讓對方靠近蜘蛛，愈來愈靠近，反覆練習，直到他不再那麼害怕為止。

對於如何慢慢靠近所害怕的事物，你們可以一起制定步驟，以對方害怕過橋為例，一個循序漸近的作法如下：

- 先一起去橋的起點，花十分鐘看著車輛在橋上來來去去。
- 實際走上橋，走一小段後折返。
- 帶兩張折疊椅、幾杯咖啡，走上橋一小段後，坐下來喝一杯咖啡。

- 再走遠一點，然後重覆同樣的事。
- 與你的朋友一起走過整座橋。

和你的朋友一起反覆進行上述練習，順利的話，不出一個星期他就能單獨過橋了。

然後在一段時間裡盡可能反覆練習，直到焦慮減緩至可掌控的程度。

當我們去做原本會害怕的事情，就等於在擴展我們自己能做到的事。相反地，如果我們選擇逃避，則免不了要面對畫地自限的風險。

想像最糟的結果

在思考某些令人害怕的事物時，我們總傾向趕快想一些會讓自己比較開心的事。一旦如此，那個讓焦慮達到頂點的災難化想法實際上並未真正獲得處理，只是先把注意力轉移他處而已。我們的腦袋裡依然存有一個充滿災難的畫面，像是悲慘的意外、付不出來的帳單、婚姻的破裂等，它會頑固地賴在意識底下，隨時威脅著要出來。

試著與這些災難化的想像同在，不要逃離，然後一路想像到這場災難的結局，這會帶來一種解脫的感覺。透過像「你現在最害怕的是什麼？」之類的問題來引導對方走近焦慮，在最好的情況下，只要你靠焦慮靠得夠近，它就會消失。以下舉出幾個例子供你參考：

●案例一

波爾：「我們公司下個月要進行一波裁員，我好怕被裁掉。」

協助者：「如果真的被裁了，最糟的狀況會是什麼？」

波爾：「我可能會開始與社會脫軌。」

協助者：「這樣的想像是怎麼來的？」

波爾：「如果我找不到其他工作，兩年後就只能靠福利金度日，且肯定保不住我的房子。在這樣的狀況下，也不曉得我的婚姻是否還能維持住。」

協助者：「假如你真的只能靠福利金度日，丟了房子和妻子。接下來呢？你會怎麼樣？」

波爾：「我可能會跟其他流浪漢一起擠在收容所裡。」

協助者：「你覺得那樣的日子可能會持續多久？」

波爾：「我突然出現另一種想法，如果我沒有房子也沒有妻子，生活就沒有任何束縛了。我一直想去體驗不同的文化。說不定我可以去當志工。」（波爾坐直身體，眼神亮了起來。）

協助者：「所以被裁員後，有可能會發生什麼好事呢？」

波爾：「我還是希望自己不會被裁員，或是有需要的話，我還能找到另一份工作。但即使是最壞的結果，似乎也會帶來新的可能性。」

●案例二

艾達：「我最近總是很難集中注意力。有一回，我還胃痛，我很擔心自己的身體是不是出了什麼很嚴重的問題。」

協助者：「妳覺得有可能是什麼問題？」

艾達：「我父親因為胃癌過世。」

協助者：「我明白妳為何會擔心了。假如妳擔心的事情成真，有什麼是妳最害怕的嗎？」

艾達：「我倒不那麼怕死，我覺得死亡能前往一個平靜的地方。我也不是怕痛，因為當初看他們把我父親照顧得很好，他幾乎感覺不到痛。我擔心的是我九歲的兒子，這對他來說會是一個很大的遺憾。」

協助者：「想像一下，如果妳過世了，他會有什麼反應？」

艾達：「他會難過得大哭。他可能會躺在床上哭，我先生會想辦法安慰他，但他一定會很傷心、很傷心。」

協助者：「妳覺得他可能會像那樣躺在床上多久呢？」

艾達：「幾天吧！然後他應該就會起來，開始到處玩。但幾個星期後，他可能又會覺得很難過，又跑去躺在床上傷心。」

協助者：「想像妳過世的半年後，妳覺得他會怎麼樣？」

艾達：「我覺得他應該會回到生活的常軌，但他可能會變成一個比較嚴肅的男孩。」

協助者：「再過五年，他又會是如何呢？」

艾達：「到那時，我想他應該已經走出悲傷了。他也許會像我以前一樣，變成一個愚蠢、有時還很難搞的青少年。但我想他會隨著年齡增長愈來愈成熟。我希望他會為自己找到一個新的有母親形象的人物。呼！我覺得我好像可以再次好好呼吸，而且能接受這些想法了。不管我發生什麼事，日子都還是會繼續過下去的。」

在協助別人想像最糟的狀況時，我心裡通常會有以下幾個待探討的問題：

- 當你把事情往最壞的方向想時，最糟的狀況會是什麼？
- 這種狀況可能會持續多久？
- 這時你會做些什麼？
- 你會熬過這一切嗎？
- 如果最糟的狀況發生了，你能看見當中也可能會有好事發生嗎？

我在生活中也會使用這些問題。當我害怕恐慌再次發作時，透過這些問題，我知道最壞的狀況就是昏倒。這不是我能控制的，也不會有人因此責怪我。例如，如果我演講到一半昏倒了，等我醒來時，應該會發現有許多擔心且想協助我的人圍繞在身邊。

在開始探討最壞的可能性之前，很重要的是要讓對方知道藉由探索這些想像中可怕的結局，可以幫他找到出口。讓他知道這樣做的好處是什麼，會讓他比較有意願回答那些不舒服的問題。

同樣重要的是，需要先確定對方是否想要，以及覺得準備好要做這件事情。畢竟這個過程通常不會太愉快，但有機會從中尋獲平靜。

當然，也務必讓你想幫助的這個人能自在地拒絕，例如對他說：「不見得要馬上做這件事，你可以在想要進行時再來找我。我們也可以想想其他方法來處理這個問題。」

一定要面對焦慮嗎？

每個人在生活中，或多或少都有某些面向受到焦慮所限制。或許我們就是沒有足夠的勇氣，去克服嘗試新事物時得面對的不舒服，這都沒有絕對的好壞對錯。

有一回，我要去斯德哥爾摩進行演講，於是提前幾天到那兒走走。我發現可以搭電梯前往地下鐵，我佇立著看著大家走進電梯，沒入地平線下，當我想像自己也坐在電梯裡時，突然湧起一陣恐懼，令我動彈不得。

我大可強迫自己實際體驗看看，也可以搭著電梯上上下下，直到我覺得習慣那種感覺。但，我在當下對自己說：「明明有樓梯可以通往地下鐵，我為什麼非得搭電梯？」當然，如果我住在斯德哥爾摩，或許會做出不同的選擇。

也因此，讓你所幫助的人知道他可以有所選擇，是很重要的。即使他很害怕某件事情，也不見得一定要逃避。逃避也許會讓他可採取的行動變少，進而變成一個惡性循環；取而代之地，他可以選擇面對焦慮。

如果正面迎擊威脅所帶來的獎賞夠大，他或許會願意讓自己暴露於不舒服中，直到習慣那個原本會帶來恐懼的情境。讓他知道進步時所帶來的快樂，將遠勝過所有的不舒服，會提升冒險的意願。

擁有B計畫，能帶來安全感

去了解你所幫助的人是否有備用方案，也就是所謂的B計畫（plan B）。當你揚帆出海時，知道船上有一艘救生艇，會讓你有安全感。同理，為了預防A計畫失敗，準備好B計畫以備不時之需，也會帶來極大的安全感。

我要出發遠行的前一晚常會難以入睡，因為很擔心隔天早上會出現令我來不及上飛機的差錯。我會設定四個鬧鐘，確保自己不會錯過起床的時間。萬一我的車子發不動呢?它已經老舊到不太能信任。於是我起身確認離這裡最近的機場巴士時刻表，然後根據我要的時間訂了提前半小時的鬧鐘，好讓我早點起來測試車子，萬一真的發不動，還來得及搭計程車去坐機場巴士。完成這些計畫後，我整個人放鬆許多。

你也可以建議對方擬定一些萬一原訂計畫失敗時，可以對自己說的話來作為B計畫。因為他對自己的譴責可能會比他意識到的還強烈許多，如果他能先為自己準備好一些安慰或肯定的話語，也有助於提升嘗試新事物的勇氣。舉例來說，如果他邀請另一個人來討論他們的關係，而事情的進行有可能不如預期，他可以事先為自己做好準備，與其把這視為失敗，不如用以下話語來回應自己：

- 這是一次很好的嘗試。
- 有失才有得。

- 從長遠來看，這次嘗試還是有可能會帶來一些好處。
- 人人都有失敗的時候。
- 你不可能每次都成功。
- 這次經驗有可能會在日後為我帶來幫助。
- 過一段時間後，我定能笑看這次經驗，然後把我搞砸的故事講給別人聽。
- 為了完成這項挑戰，我鼓起好大的勇氣。等我感覺好一點之後，我或許會再試試看。

在計畫如何將愛傳給自己的同時，也為自己設下一個安全網。有時候，這會讓人有勇氣去嘗試新的事物或做出一個困難的決定。

焦慮不一定是種糟糕的特質

你想幫助的這個人，很有可能會試著隱藏自己的焦慮。當我意識到自己的焦慮時，第一反應都是想要隱藏好不要被發現。我通常會望向地板、轉過身，近乎本能地，直到我提醒自己焦慮是一種再自然不過的情緒，是每個人都會有的情緒。

有些人會比其他人更常感到焦慮，很可能天生就具有「焦慮傾向的氣質」[3]（anxiety-prone temperament），又或是因為創傷而發展出這樣的特質。無論焦

譯註③：在心理學中，「氣質」泛指在行為上的一致個體差異，這些差異是基於生物學的，相對獨立於學習、價值觀和態度的體系。

慮的原因為何，都不需為此感到羞愧。相反地，能感到焦慮說不定是件好事，因為有許多不太會焦慮的人，反而很容易惹上麻煩。

當我兒子到地球另一端旅行時，我不怎麼感到擔心。畢竟他本身就很容易焦慮，因此他不會衝動行事，也不會未經思考就去從事危險的事情。我相信他會在為時已晚前就注意到危險的存在。

容易焦慮，也可能代表著有強烈良心的敏感性人格，對這些人而言，做對的事情是很重要的。

本章重點

- 把焦慮的知識教給你正在幫助的人，他對焦慮的症狀與成因有愈多了解，就愈能與它共存。
- 對新的、未知的事物感到害怕是正常的，要讓對方知道他具有選擇權，他可以選擇讓焦慮限制他，又或是正面迎擊焦慮，去做所有會令他感到害怕的事情。
- 深入探究想像中那最壞的可能性，往往會讓我們了解到即使可能會發生最糟的情形，日子仍會繼續，前方也還是有路可走。
- 不要讓自己只有A計畫，而是要準備B計畫，甚至是C計畫或D計畫。為可能出現的緊急狀況做準備，知道出事後該如何處理。這會是很好的作法，一旦知道出了問題後可以怎麼做，你會感到平靜許多。

你或許曾有過這樣的經驗：
因為太過投入於協助他人而完全忘了自己，
事後才意識到這一切有多困難；
又或是出於太想幫助別人，而忽略了其實對方沒有很希望你的介入。

Part 2

助人者可能的挑戰與困境

與生活中的正能量為伍，
於力所能及之處協助他人，
可說是最有意義和振奮人心的事。
然而，這也可能令你感到耗竭與挫折。
想確保不會發生這樣的事，
向來是說比做來得容易，
而其中還有許多陷阱需要注意。

Chapter

12

你會不會幫過頭了？

要成為一個好的助人者，關鍵在於能提供恰到好處的協助，不過於冷漠也不過度介入，後者往往是最困難的一環。我們在提供協助時，常常會幫得太多、太久或以不正確的方式介入。造成這種狀況的原因很多，一部分來自於你的助人意識過強，我有時也會如此。

適時適量的助人意識

同時身為牧師與心理治療師的班特．佛克（Bent Falk）曾說：「助人者應當無知、無為與不失去自己。」（A helper must be ignorant, laidback, and herself.）這句話聽來簡單，卻蘊藏許多智慧，且需要不斷練習才能成就。

一個無知的人在聽別人說話時，需要不斷詢問與保持開放的心。如果我們認為自己知道該從哪裡開始，或自己可以拼湊出事情的來龍去脈，就很容易忘記該保持謙虛，畢竟我們所幫助的對象都是不同的個體。即使我們認為在某種情況下，事情應該要往某個方向發展，但對方的感受可能截然不同。

當別人覺得我們很睿智或專業時，會為我們帶來極大的滿足感，因此要放棄追求這些眼光是很困難的。然而，當我們汲汲營營地想成為一個好的助人者時，很容易過度投入於我們自己想做的事，但試著去看清現況、與對方站在同個立場也是同等重要的。

對於你想幫助的人，最好的協助就是帶給他親密感（intimacy）。當你對他表現出關心和在意，而不是想從談話裡得到更多資訊時，親密感會油然而生。

你或許不會注意到自己的助人者意識想干涉、甚至掌控對方，我也往往在事後才會發現。我通常會先感覺自己有股極度想修正某件事或某個人的欲望，一段時間後，才覺察到這股欲望來自於我希望在別人心中，我是一個重要的人。

有一回，我那已成年的女兒遇到了一些問題，我把自認為聰明的解方當成建議告訴她，甚至說服她照我的想法做。之後，我整個人心情都很好，也信心滿滿，然而這份快樂並未持續太久。隨著時間過去，我一直沒有再聽到她的消息，我開始發現自己似乎沒有注意到，當我興沖沖地給出建議時，她並沒有特別感動。我干涉了她的人生，只為滿足自己想成為重要人物的需求，但比起成為解決問題的英雄，我更應該成為一個陪伴者。

對於你所幫助的人，你也可能在事後才發現，自己似乎忽略了某些他想傳遞的訊息，只因為你太想成為一個有能力又重要的協助者，又或是因為你無法眼睜睜看著他受苦。

在別人沒有提出需求的狀況下提供協助並沒有錯。對有些人而言，尋求協助是一件很困難的事，又或是他們不曉得身邊就有資源可求助。因為幫助他人而覺得自己很重要，並因此感到開心，或是對於自己能帶來改變而感到愉悅，這些都沒什麼不對。只要不是你單方面覺得開心，也不要讓你的助人意識過度膨脹，認為凡事都該照你的意思做，而忽略對方有其需求，也擁有他自己的能力。

如果你希望避免自己想提供的幫助已超過對方所想要的，可以在提供協助之前，謹慎地靠近並徵得他的同意。例如：

- 你會想聽聽看我的想法嗎？
- 你想聽聽看如果換作是我，可能會怎麼做嗎？
- 你想聽聽看，我認為你還有哪些選擇嗎？
- 如果你想，我願意和你討論這件事。不見得要馬上進行，我們可以晚一點再回頭來討論。

如果他願意和你討論或聽聽你的意見，也讓他在需要的時候，可以自在地拒絕，你可以說：

▼畢竟你是你，我是我，因此我不確定你是否適合採用我的建議。

如果他的回應是希望能繼續談下去，表示你可以繼續提供協助。

良藥苦口，卻帶來效益

給出同理是非常有意義的事。然而，有些助人者太過善解人意，以致只是一味的給予支持，甚至認同那些理應改變的行為。

以下是一些例子：給酒癮者一瓶酒，他會感謝你；相對地，如果你給他一份起士三明治並邀請他談談他的問題，他可能會對你怒目相向——但長遠來說，你是在幫忙他從酒癮的問題裡解脫。如果你同事習慣性地把自己的問題都歸因為別人的錯，而你也站在她那邊，認同她的先生應該要改變，她會覺得你很貼心也對她很有幫助；而如果反問她：「妳覺得他會如何看待這些問題？」將有助於她從各種不同角度來看這些事，也比較有機會促成改變，即使她一開始時會對這個問題興趣缺缺。

另一個例子是，一名女性很興奮地講述，她如何說服銀行員將她的信用額度提高。你能看見這如何解決了她的短期資金問題，但同時能想像這很可能會在未來造成不幸的後果。幫助他人時，你在當下也許會覺得自己應該要支持她的決定與響應她的快樂，彷彿你感受到她希望你這麼做。與此同時，你也會覺得好像不該拿可能的不幸後果來破壞她的心情。如果你想講出那些她八成不想聽的話，那麼同時講出你內心的兩難，會讓一切更容易進行。

你可以這麼說：

- 我不是故意要潑你冷水，但我有點擔心……
- 你知道我有多麼想看到你快樂，我好想跟你一起舉杯歡慶。但是，我希望我們也能一起思考怎麼做可以帶來好處，而且這個好處是可以長久持續的。

♥ 我昨晚睡得不怎麼好，因為有些事一直想對你說。我不想讓你感到被否定，也很害怕會惹你生氣，但你聽我說……

試著把自己的內在掙扎說出來，不只你會更清楚自己的立場，對方也會更了解你的想法。

當我在對方身上發現某個長期下來有可能會得不償失的行為，就得盡力將其指出，而不能總是認同對方的作法。如果你像我一樣不喜歡惹別人生氣的感覺，比起教導新事物或給出有助成長的東西，你可能會想給予他在那當下想要的回饋就好。但回避這類衝突的代價之一，就是你得不斷重覆聽他抱怨同樣的問題。

無論如何，沒有哪種作法永遠是對的。有時給予認同或對方想要的回饋，會是一種愛的表達。而且有時候，他需要的正是這些，這會讓他擁有能量去改變自己。如果你發現朋友正處在很需要愛的狀態，而你能及時給出愛，這將能幫他度過危機，讓他感到完整與充滿活力。愛是最強而有力的療癒，也只有在需要愛的時候，你可以義無反顧的投入，否則就應適可而止，如此你的朋友才有機會靠自己學習與成長。

本章重點

- 被視為聰明又有能力的協助者，是很開心的事，而且很容易讓人欲罷不能。
- 有時太專注於想透過對談來成就改變，反而會犧牲親密感和好的連結感。
- 講出對方不想聽，但能為他帶來長遠助益的話，是很重要且需要勇氣的。

Chapter

13

拒絕，也是一種選擇

你或許已經發現，我們有時會很難停止對他人提供協助，即使你知道這是最好的選擇。可能是因為你的資源已即將用罄，或是就長遠來看，對當事人更有助益的作法是該讓他學著幫助自己。但要開口拒絕是需要能量和勇氣的，因此對助人者而言最簡單的方式，可能是維持現狀。然而，及時設立界限，將責任還給你所協助的人，對雙方而言才能帶來最佳效益。

別過度負責他人的人生

就長遠考量來看，一個成年人要能對自己負責才行，而責任與影響範圍是相關的。如果你是個容易過度承擔責任的人，就得格外小心，不要承擔超乎你影響範圍的責任。如果你扛下另一個成年人的責任，但你無法控制他的行為，那你只會有處理不完的問題，還有可能會讓自己耗竭，這對任何人都沒有好處。

身陷困擾的當事人握有決定要怎麼做的權力，他可以選擇咬緊牙關忍受所有的不舒服，或學著放手，帶著悲傷奔向自由，像是離開一段充滿壓力的關係或是戒除不健康的成癮問題。身為協助者，你可以成為陪伴他們練習的人，但他們得自己做出決定。在他所面對的兩難當中，你愈保持中立愈好。這是為了他好也是為了你的心靈平靜，畢竟沒有人知道某個決定在未來會有什麼樣的結果。底下這個古老的中國童話適切地闡述了這個道理：

有位老人養了一匹白馬，那匹馬既珍稀又美麗，每個人經過他住的地方，都會停下來讚嘆一番。許多人想買下牠，當中不乏願意砸大錢的人，但老人說什麼都不肯賣。

某天早上，那匹馬突然不見了，鄰居們聚在老人住處外。「你早該把馬賣了。」他們對傷心的老人說：「這樣你就會有很多錢。結果現在牠被偷了，什麼都沒有了。」老人只回了短短一句：「或許吧！」

過了幾天，馬突然回來了。原來牠跑去原野，帶回了十一匹與牠同樣美麗的馬。鄰居又來湊熱鬧。「你真是太幸運了！」他們說：「你現在有十二匹馬了，多開心啊！」但這次，老人也只淡淡地回：「或許吧！」

不久後，老人的兒子開始訓練這些野馬。他樂此不疲，直到被一匹馬摔倒在地，還摔斷了腿。「這真是太糟了，」鄰居們又說：「你唯一的兒子摔斷腿，再也不能幫你了。真是家門不幸啊！」

未料不久後，發生了戰爭，所有年輕男性都被徵召入伍，唯獨老人的兒子因為腿斷了而不用上戰場。

哪些作法對我或他人才是最好的？該怎麼做才能讓我們的幸福快樂持續下去？其實我對這一切所知甚少。每當我需要提醒自己這件事時，就會想起這個故事。否則我很容易執著於某個特定的解決方式，並認為那是唯一選擇。事實上，我根本不知道，我也不可能代替別人做決定。在一切塵埃落定之前，可能要兜上好幾個圈子。

檢視對方的可用資源

如果你明知自己已無力協助，卻仍難以拒絕，不妨試著把焦點放到對方所擁有的能力或周邊可用資源。假如你認為：「若我不做，就沒人幫他了。」那你可能太高估自己的能力與重要性了。稍微停止你的協助，釋出片刻的空白，也許會有其他人前來相助，並從中獲得幫助他人的喜悅。或許因為你的緣故，有些能提供協助的人只能一直在旁等待卻無法真的做些什麼。像是鄰居、老朋友，或家人，這些人也許有著你所不知的資源。無論如何，都不需要抱著捨我其誰的態度來面對需要幫助的人。

如果你在別人狀況不好時，很難做出有利於自己的決定，或許可以試著回想在這些時刻，你通常都會對自己說些什麼。以我來說，我常會困在以下這些問題裡出不來：

- 狀況變成這樣，會是因為我是個很糟的朋友嗎？
- 我為他做的會不會還不夠多？
- 我是不是該確定他的狀況是沒問題的？
- 萬一他覺得被遺棄，我是不是就會失去他？

若能夠把焦點放回對方擁有哪些能力或資源是最好的，例如：

- 我的朋友需要練習哪些能力，才能讓他感覺變好？
- 他能把握這個機會學到什麼呢？
- 他有什麼優勢能運用在這個情境裡？

若你明明已經沒什麼力氣、無法繼續下去，但還是想對你的朋友表示「我能幫你什麼嗎？」，不如改用以下方式與他對話：

- 有什麼是你做了之後，會感覺好一點的嗎？
- 根據你過去曾克服過的困難，我相信你這次也能找到正確的作法。
- 如果你認為我可以做些什麼來幫上忙，希望你會讓我知道。
- 想哭就哭吧，這也許正是你所需要的。

記住，痛苦是人生的一部分，不盡然是誰做錯了什麼。人生中的黑暗期並不是在浪費生命，我們會在這個過程中有所成長，並萌生感恩之情，這些成長與感恩的心會持續蓬勃發展。逆境是成長的契機，比起事事順利的人，經歷較多磨難者往往具有更強的人格發展潛力，能發展出較為令人印象深刻與細膩的人格。也因此，如果你無法保護親近的人免於生活中的苦難，你或許應該感到開心，因為他們很可能會在危機之中有所成長。

別讓內疚感支配你

如果你很難拒絕他人，可能是因為你會感到內疚。即使明知拒絕對你們雙方都是好事，仍會因為罪惡感、無力感，以及內疚感而帶來不舒服的感受。

內疚感或罪惡感皆同時摻雜了許多種不同的感受，最常見的有：

- 怕別人生氣或拒絕
- 對自己生氣
- 傷心難過

以下來看看幾個例子：

●案例一

海茵的母親正受憂鬱症所苦。她很希望海茵能來與她同住一陣子，但海茵拒絕了。海茵有點內疚，怕母親會對此感到生氣。接著她開始氣自己無法兼顧年輕媽媽、職業婦女與陪伴母親的角色，這令她感到挫折，同時對整個狀況感到難過，因為她被迫正視自己的限制以及母親有限的資源。

●案例二

一位客户在蘇菲下班前十五分鐘打電話來，對方表示他很不舒服。蘇菲沒有打算要處理對方的問題，即便對方在哭而且在生氣，她依然堅持對方只能隔天再來。回到家後，蘇菲開始感到內疚，擔心對方會投訴她。她氣自己缺乏同理心，同時發現原來自己並不是一個完美的助人者，這令她感到挫折與難過。

害怕、傷心，以及內在的憤怒會因情境而異，也會因人而異。

本書引言裡提及的希絲莉，如果她停止去聽丈夫三不五時的抱怨，並對丈夫說從現在起，她每周只會聽他抱怨一個小時，丈夫大概會因為被拒絕而感到難過或生氣。此外，希絲莉也可能會因此感到內疚，這份內疚的組成大抵如下：

- 五〇％來自讓漢斯感到難過。
- 二〇％來自氣自己無力協助漢斯擺脫痛苦。
- 三〇％來自害怕漢斯會開始疏遠她，無論是生理上或情緒上。

希絲莉跨出的第一步，就是把這一切說出來。但要貫徹始終，意味著得承受接下來會有的罪惡感，才能堅持自己的決定。

培養對內疚感的容忍度

有時為了避免產生罪惡感而做的事情，通常都是些在短期間內能令對方感到開心的事，即使你內心不願意，卻還是答應對方了。然而，這些事多半不符合對方的最佳利益，長期下來也對你們的關係沒有太大幫助。

幸好，我們仍有其他選擇，就是培養對罪惡感的容忍度，而不再透過補償、提供協助或是取悅他人來消除罪惡感。

當你感到罪惡或內疚，你可以像希絲莉那樣，把它們拆解成三個感覺，或許還可以試著分配它們各自所占的比例，例如五〇%的害怕、一〇%的生氣、四〇%的難過。

分配比例有助於在你和那些感覺之間拉開一段距離，用好奇的角度來檢視它們，而不是急於想辦法消除它們。

在處理焦慮的那一章裡，我曾談到暴露在自己所害怕的事物裡時，也有可能會萌生出新的契機。如果你試著不斷練習對他人說不，並且忍受別人可能會生氣的恐懼感，你就有機會學到：雖然內疚的情緒會帶來不舒服的感受，但世界不會因此崩塌，人生會繼續前進，你將能體驗全新的自由。

有些人不那麼害怕別人的憤怒或拒絕，比較能根據自己的價值判斷來行事，而不是依循別人的期待。有時候，別人就是會對你感到失望，如果你能接受這件事，就能獲得做自己的自由。同時身為牧師與心理治療師的班特．佛克把罪惡感稱為「存在增值稅」（existential VAT），這是一種有時候我們為了順從自身內在意志，不願被他人期待所支配而得付出的代價。

當你所協助的人對你感到失望時，很可能是因為你聽從自己內心的聲音，覺察到自己的限制並決定尊重自己。又或是你的價值觀在提醒你，幫忙要適可而止，不能讓對方變得依賴你。

希絲莉第一次拒絕漢斯時，她可能會很沒安全感，也可能因此失眠。但隨著不斷增強自己的界線，她感到愈來愈容易，最後，她可以很自然且自在地對漢斯說不。雖然看著漢斯被拒絕之後的難過，也會令希絲莉感到不舒服，她仍會試著提醒自己，即使漢斯在當下可能無法理解，但這樣做對他們雙方、他們的關係，以及漢斯的長遠利益都是最好的。

本章重點

- 身陷困擾的當事人握有決定要怎麼做的權力。如果你扛下過多責任，卻沒能對他的生活起到相對應的影響，可不是件好事。
- 內疚感會讓我們想著要做更多，而不是怎麼做才有用，這對我們與我們想協助的人都不見得有好處。因此需要學著容忍內疚感，而不是一直想做些什麼來消除它。
- 「捨我其誰」有時是個過於誇大的想法。
- 聚焦於對方自身的可用資源能讓他變強大，也有助於你在必要時說「不」。

Chapter

14

不用親自介入，也能提供幫助

我們之所以不伸出援手，可能有許多理由。也許是怕自己太冒失，或是覺得對方身邊可能有與他更親近的人會幫忙，又或許是你覺得自己沒有足夠的能量，結果都可能讓對方覺得沒有人關心他或愛他。直到有一天，可能已來不及提供協助，你錯過了稍微花幾分鐘，就能讓一個人感覺好過一點的巨大快樂。

底下根據幾種不同的情境來提供建議，讓你參考自己可以怎麼做。

他身邊還有其他能協助的人嗎？

你可以直接向當事人確認這件事。在這麼做的過程中，你也在同時給出一份禮物，就是讓對方知道你有在關心他。你知道的，感覺自己有被看見，對生命而言是種莫大的肯定。

被看見的禮物，可以像是這樣的：

我注意到……

- 你過得很不好。
- 你有許多痛苦掙扎。
- 你正被某些事情所困擾。

說完後，我們通常會很自然地問：「有人可以幫忙你嗎？」對許多人來說，沒有朋友會被視為一件很丟臉的事，所以很多人會試圖掩飾這個事實。因此人們在遭逢困境時，無人問津的狀況其實比我們想像的還要多。

如果對方回避你的問題，你就可以提供協助並預留時間。例如：「讓我知道是否有什麼我能幫上忙的，你可以先想想，再跟我說。」你也可以更明確地指出他能怎麼做，好讓他可以更自在地與你接觸，像是「只要傳個簡訊給我，我們就能約個時間，見個面坐下來好好討論。」

提供適可而止的幫助

缺乏能量，是一個不提供協助的好理由。當你缺乏能量，且沒有意願與他人建立親密連結時，進行對話式的協助往往成效欠佳。同樣地，當你覺得疲累時，踏入助人者陷阱的風險就會愈高，例如因為過度積極而犧牲了良好的接觸與親密感。

許多人以為助人應該是不幫則已，要幫就幫到底，這其實是個迷思。就好像如果你開始與需要幫助的人對談，就得一直談到對方感覺有變好為止。其實並不需要如此，有時候，一段短短的、有限的對話就能創造奇蹟。

如果你沒有足夠的精力去處理對方遇到的困難，你可以停下來看著他，說：「我知道你需要幫忙，而我只能先陪你到這裡，但我可以和你討論你能去什麼地方尋求協助。」

許多人不知道自己是可以獲得幫助的，或是因為知道得太少而無法尋求協助。有些人則是覺得自己的問題很小，不該麻煩別人，但他們所遇到的問題其實比他們所以為的還要嚴重得多。事實是，你對於他需要幫助的察覺，已經能增強他想求助的意願。

給予特定的資訊也很有用。你或許以為每個人都知道或是能想到以下這些資訊，事實不然，有時候則是一時之間沒想到。例如：

- 你可以與醫師約診和談話。
- 醫師可以為你轉介心理師。
- 醫師與心理師都有保密的責任。
- 與心理師談過第一次後，如果感覺不太好，你可以不要再去。你甚至可以在談了十分鐘之後感覺不對時就喊停，請對方進行轉介，改和其他心理師談。[4]你可以申請陪伴服務（紅十字會等機構皆有為獨居的高齡者提供這類服務）。[5]

▼社群上或許會有由類似經歷的人所組成的社團。

我曾經透過二十分鐘的電話，讓一位同事的生活變得更好。當時花了大部分時間聆聽後，我說了類似這樣的話：「我聽得出來你的問題很嚴重，你不該獨自承擔。如果你去找醫師，或許可以請醫師幫你轉介跟心理師談。我相信跟心理師談個幾次之後，你會感覺好過得多。」同事聽了我的建議，如今過著截然不同且心滿意足的生活。我每次想起這件事，就覺得那二十分鐘換來了難以計數的開心與力量。

譯註④：此段前半段適用於台灣現行的心理諮商作法，但後半段關於談話十分鐘後因感覺不對而暫停的部分，有可能會因各心理諮商所或心理治療所之服務內容而異，請有諮商需求者務必事先向欲前往之機構確認清楚。

譯註⑤：針對高齡者，台灣可參考衛福部長期照顧專區所提供的服務。https://1966.gov.tw/LTC/mp207.html。

本章重點

- 精力不足可用來作為無法繼續提供協助的理由，然而，即使只是幾分鐘的協助，也有可能為你們雙方帶來皆大歡喜的結果。
- 需要幫助的人，身邊不見得有人可以提供協助，也有可能是不知道該去哪裡尋求協助。

Chapter

15

記得照顧你自己

你可能曾有過太投入於幫忙別人而忘了自己的經驗，也可能你喜歡從生活的重擔中抽出時間來幫助他人的感覺，這些在短期間都不會有問題。但是，若你奮不顧身到有很長一段時間都忽略自己的需求，就可能會因此帶來不好的結果。你很可能會在哪天精力耗盡，或是你所協助的人會開始覺得無法與你親近。

若能在協助他人的同時，也懂得照顧自己，你將更能在往後的人生中體會到助人的樂趣。

助人時，也要關注自己

聆聽他人訴說遭遇時，我們會傾盡全力感受對方的情緒狀態，能保持開放的身體姿態和眼神接觸是件好事，但同時需要適度保持距離，以免被對方的情緒壓垮。

若對方所說的事情讓你感到壓力，我建議你試著拉遠你們之間的距離，或只讓一部分的身體保持在開放的姿態，好讓你能保留些許注意力來關照自身的感受。如果不確定與對方相對而坐是否為最佳選擇，可以試著坐在他旁邊，或讓彼此之間稍微有點角度，如此一來，你偶爾想移開視線時，會感到比較自在。

移開視線或是目光往下垂，意味著你開始注意自己的內在。我們接收到的表情訊息中，有八〇%來自雙眼，強而有力的眼神接觸夾帶著大量的訊息。當你感到自己對訊息的接收屆臨極限，若想繼續集中注意力，就得慎重看待自己的臨界點。允許自己在需要時移開視線，練習接納因使對方感到挫折而生的罪惡感。如果對方不想跟一個視線看著地板的人說話，他可能就得接受暫時休息片刻，等你準備好了再繼續。良好的眼神接觸包括：四目相接、保持對視、暫時移開。你愈容許自己將視線移開再回返，你和對方的連結就會愈親近，也愈能留存自己的精力。

練習在對談的過程中不斷變換視線焦點。看著你正在幫助的這個人，聽聽他在說些什麼，感受他的情緒和心情，接著把視線移開，感受一下自己的狀態。你在這張椅子上坐得還舒服嗎？你有什麼感受？你的身體有什麼感覺？

要維持良好的互動，你需要同時關照對方和自己。

當協助並未帶來預期效果

不管你練習再多次，或你有多麼擅長幫助他人，成功率永遠都不會是百分之百。有各種原因會導致你的協助無法帶來預期的效果，而有些理由更是與你完全無關。

以下舉出幾個案例：

- 你所幫助的人因為這個問題而獲得許多好處，因此他根本不敢放手。
- 你們之間的交流並不理想。
- 對方的問題下隱藏著極大的創傷，在創傷未癒前，問題是無法被根除的。
- 你和對方的關係太過親近，他害怕如果把所有真相告訴你，有可能會失去你。
- 對方的問題太嚴重或太過複雜，他所需要的協助已非你所能承擔。

我常會在結束治療時，詢問個案覺得之後是否有需要繼續找人晤談。若個案覺得需要，嘗試與不同的心理師談或許也滿好的。任何治療提供者皆有其強項與弱項，也因此，其他治療師或許能協助他發掘不同的、或補足已有的覺察。

有時候，你所提供的協助之所以起不了作用，可能有一部分與你有關。或許是你太想獲得肯定，所以不斷想從對方眼裡看見他對你的欣賞，而不是去看見他。

你有多容易落入這種陷阱，取決於你想被肯定的需求有多大。沒能在兒童期獲得足夠肯定的人，很容易渴望從各個方面獲得肯定。

如果你發現自己犯下錯誤，無論是什麼樣的錯誤，好好照顧自己都是必要的。也要記得肯定自己：

- 因為你發現自己犯錯。
- 因為你勇於對自己誠實。
- 因為你本意良善。
- 因為不管如何，你都極力想做出改變。
- 因為即使你的生活不容易，你也仍在努力。

就算只是芝麻綠豆大的事情，當你愈能肯定自己，就愈不會過度地想從別人那裡獲得肯定。

覺察你助人的期待

如果你的伴侶或其他親近的人正在經歷危機，先將你的自身需求與願望的順位往後挪是好的，這樣你才能幫忙他度過難關。而他也能從中獲得能量，與你進入更能互相支持與關懷的關係。

問題是，如果你這麼做是因為潛意識期待著哪天當你需要時，能獲得回報，那你將會不斷重複壓抑自身需求去幫助他人這種行為模式。

如果你覺察到自己是基於這種期待在協助他人，最好提前認清現實。你如何確定對方狀況變好後會與你進入一段互惠的關係？不妨考慮問問同時認識你們兩個的人，畢竟當局者迷。

假如你沒有足夠資訊來支持你的期待，最好放下這份期待。如果對你來說，互惠很重要，你可以到不同的地方尋求付出之後能有所回報的感覺。你也可以待在這段協助他人的關係，持續付出，然後享受為別人做了好事的意義感和喜悅。如果你選擇幫助他人是因為這個過程讓你很開心，而不是因為你期待獲得什麼回報，就比較不會在這段關係裡感到挫折。

談談與聆聽你自己

如果你很常聆聽別人的煩惱，找機會分享你身為助人者的經歷、談論你如何在幫助他人的過程中試著做到最好，以及你如何照顧自己是非常重要的。

你或許是一位專業助人者，在工作的過程中會接受必要的督導。如果你工作的地方無法給予你所需要的支持，你得確保自己能從其他地方找到這樣的支持。如果你的人際網絡裡缺乏能給予這類協助的人，你也可以找心理師談談，又或是尋求具支持性的分享團體。

在助人的過程中，有人能協助你反思自己的作為，將會提升你幫助他人的能力，你會愈來愈能快速和準確地判斷，何時該介入與何時該收手。你會發現自己的成功率提升了，而助人也變得簡單許多和更有趣。

掌握自己的內在狀態

你對自己了解得愈多，且愈能自在地做自己，就愈容易展現你能帶給這世界的一切，也能成為一個更好的助人者。

每個人都有各式各樣的情緒。在擔任助人者的過程中，有可能會被勾起一些情緒，起先你可能會不太喜歡這種感覺。例如你很可能會在聽完對方的遭遇時，出現「天啊！幸好不是我。」的喜悅。然而，有這些感受都是正常的。你可以說這是一種感恩的心，幫助他人的一項附帶利益，就是你會不斷被提醒自己沒有遭遇這些困難。還有些時候，你會覺得很累，很想請對方自己想辦法振作起來往前走。如果你累了、完全不想再聽了，也很合理。一旦出現這樣的感覺，代表你該休息了，去度個假或為自己安排更多督導*吧。

想避免過於被他人的感受和心情所影響，有什麼是你能為自己做的呢？在與別人接觸的過程中，相信自己的情緒與直覺，將有助於保持與自己的連結。若你不太確定自己的內在狀態或對此感到內疚，你很可能就會任由另一個人占據你所有的注意力。你愈能與自己的內在連結，愈不容易被另一個人的狀態給侵襲；又或是反過來，讓你因為太渴望顯得特別，而忽略另一個人的需求和真正的狀態。

想成為一個夠良好、平衡且具備包容力的助人者，去進行能深入個人內在的作業是很重要的。進行心理治療，或參加自我成長團體都能讓我們獲益良多，有助於促進自我成長與覺察，同時學習如何涵容與關心自己多樣化的每一部分。

*編按：督導是心理治療工作中的重要制度，通常由資深心理師擔任督導。在心理師工作遭遇瓶頸時助一臂之力，協助解決問題，以恢復心理師的能量，能夠繼續從事助人工作。

本章重點

- 身為助人者，關注自己也同樣重要。
- 如果你很容易受對方表情所影響，就需要稍微頻繁地移開視線。
- 當你發現自己犯錯，更需要愛自己，給自己肯定，和善地對待自己。
- 去參加一些能分享想法與憂慮的督導團體或自我發展團體，會是很不錯的作法。
- 如果你夠了解自己且好好關照自己，將更能拿捏幫忙的程度和正確性，也比較不會精力耗盡。

後記

世界需要你的一臂之力

世界上有許多人希望自己的行動既有意義又有影響力。作法則因人而異，有些人透過創作或音樂來表達自己，帶來歡樂與享受；有些人盡一己之力解決具體可見的問題，還有些人擅長用談話來發揮助人的藝術。

我希望藉由書中提到的技巧和方法，能讓你更能收穫助人所帶來的豐碩果實。於此同時，也希望你更加明白自我覺察、自我照顧，以及傾聽自己身體和靈魂的重要性。

這世界需要你的一臂之力。

要知道，你並不孤單。世上各處都有樂於助人的靈魂與良善的力量，因此你也不需要獨自扛起所有人的責任。

這只是一個開始，好好享受吧！

致謝

感謝身為合格心理師與神學專家的班特·佛克，他本身也是許多好書的作者，包括榮登暢銷書的《真誠對話》（*Honest Dialogue*）。對我而言，無論是在個人、專業上的發展，班特·佛克都佔有無比珍貴的一席之地。

感謝自己有幸完成心理學碩士學業，也感謝完形分析研究所所長尼歐斯·霍夫梅爾，直到離世之前，他一直都是我多年來的靈感泉源。

感謝閱讀過本書原稿與回饋意見給我的每個人，我想在這裡感謝你們：Ellen Boelt, Margith Christiansen, Christine Grøntved, Line Crump Horsted, Martin Håstrup, Jan Kaa Kristensen, Ulla Larsen, Kirstine Sand and Lone

Søgaard.
你們都用自己的方式，在這本書裡留下印記。

參考書目

1. Buber, Martin. *I and Thou*. Martino Fine Books, 2010.
2. DavidsenNielsen, Marianne og Nini Leick. *Healing Pain: Attachment, Loss, and Grief Therapy*. Routledge, 1991.
3. DeYoung, Patricia A.. Understanding and Treating Chronic Shame - A Relational/Neurobiological Approach. Taylor & Francis Ltd. 2015.
4. Falk, Bent. *Honest Dialogue. Presence, common sense, and boundaries when you want to help someone.* Jessica Kingsley Publishers, 2017.
5. Hart, S. *Brain, Attachment, Personality: An Introduction to Neuroaffective Development.* London: Karnac Books, 2018.
6. Jung, C. G.. *The Undiscovered Self.* Later Printing (6th) edition, 1958.
7. Kierkegaard, Søren. *The Sickness unto Death*. Penguin Classics; First Printing edition (August 1, 1989)（繁體中文版爲《致死之病：關於造就和覺醒的基督教心理學闡述》，商周出版，2017）

8. Kierkegaard, Søren. *The Concept of Anxiety*. Princeton University Press; First Edition (US) First Printing edition (February 1, 1981)
9. Miller, Alice. *The Drama of the Gifted Child*. Basic Books, 1997.（繁體中文版爲《幸福童年的祕密》，心靈工坊出版，2014）
10. Della Selva, Patricia Coughlin. *Intensive Shortterm Dynamic Psychotherapy: Theory and Technique*. London: Karnac Books, 1996.
11. O' toole, Donna. *Aarvy Aardvark Finds Hope*. Compassion Press, 1988.
12. Sand, Ilse. *Confronting Shame: How to Understand Your Shame and Gain Inner Freedom*. Jessica Kingsley Publishers, 2022.（本書目前尚無繁體中文譯本，可參考作者另一本類似主題的書籍《致，怕給人添麻煩的你：清理內心不必要的羞愧感，擁抱完整的自己》，采實文化出版，2022）
13. Sand, Ilse. *Highly Sensitive People in an Insensitive World: How to Create a Happy Life*. Jessica Kingsley Publishers, 2016.（繁體中文版爲《高敏感是種天賦：肯定自己的獨特，感受更多、想像更多、創造更多》，三采出版，2017）
14. Sand, Ilse. *On Being an Introvert or Highly Sensitive Person - a guide to boundaries, joy, and meaning*. Jessica Kingsley Publishers, 2018.（繁體中文版爲《高敏感是種天賦2：實踐篇，與眾不同的內在力量》，三采出版，2018）
15. Sand, Ilse. *The Emotional Compass: How to Think Better about Your Feelings*. Jessica Kingsley Publishers, 2016.（繁體中文版爲《敏感得剛剛好：高敏感族情緒整理術》，平安文化出版，

2019）

16. Sand, Ilse: *See Yourself with Friendly Eyes - Let go of your guilt.* Gyldendal, 2020.（繁體中文版爲《內疚清理練習：寫給經常苛責自己的你》，究竟出版，2020）

17. Yalom, Irvin D: *Existential Psychotherapy*, 1980.（繁體中文版爲《存在心理治療》，分爲上、下兩冊，張老師文化出版，2013）

18. Young, Jeffrey E. Young. *Cognitive Therapy for Personality Disorders: A SchemaFocused Approach.* Professional Resource Exchange In, 1990.

延伸閱讀

1. *Confronting Shame: How to Understand Your Shame and Gain Inner Freedom.*

有些人一直很害怕自己哪裡有問題或做錯什麼事，本書教你如何放下這些害怕，以及了解羞愧的來源與影響。目前尚無繁體中文譯本，可參考作者另一本類似主題的書籍《致，怕給人添麻煩的你：清理內心不必要的羞愧感，擁抱完整的自己》，采實文化出版，2022。

2. *See Yourself with Friendly Eyes - let go of your guilt.*

本書教你如何放下不合理的內疚，學習用更友善的眼光看待自己。繁體中文版爲《內疚清理練習：寫給經常苛責自己的你》，究竟出版，2020。

3. *Do You Miss Someone? How to heal a damaged relationship - or let it go.*

本書詳列有助於重建、改善、或是結束關係的各種策略，繁體中文版爲《高敏感是種天賦3：不在乎的你，很受傷的我，14堂走出委屈的心理練習》，三采文化出版，2020。

4. *Come Closer - On love and selfprotection.*
本書討論潛意識的自我保護機制會如何阻礙你與他人建立充滿熱情和愛的連結，以及如何處理這些機制。繁體中文版爲《我只是假裝不在乎：「高敏感是種天賦」知名心理諮商師教你脫下「自我保護」的社交面具，享受正向的人際關係》，平安文化出版，2018。

5. *The Emotional Compass: How to Think Better about Your Feelings.*
本書討論各種感受的背後意義以及如何與這些感受共存，繁體中文版爲《敏感得剛剛好：高敏感族情緒整理術》，平安文化出版，2019。

6. *Highly Sensitive People in an Insensitive World: How to Create a Happy Life.*
本書談論高敏感族群與羞愧感、內疚的關係，以及如何建立更舒服自在的互動。繁體中文版爲《高敏感是種天賦：肯定自己的獨特，感受更多、想像更多、創造更多》，三采文化出版，2017。

7. *On Being an Introvert or Highly Sensitive Person - a guide to boundaries, joy, and meaning.*
本書談論內向或高敏感族群的樣態，以及這兩者的差異。書中亦指出內向且高敏感的族群在生活中經常遇到的各種困難，並提供有用的建議與方法。繁體中文版爲《高敏感是種天賦2：實踐篇，與眾不同的內在力量》，三采文化出版，2018。

欲了解更多資訊，可至 ilsesand.com。

國家圖書館出版品預行編目 (CIP) 資料

我想陪你好好聊傷 : 人氣諮商心理師的 15 個療癒對話練習 / 伊麗絲 . 桑德 (Ilse Sand) 著，邱思華譯 . -- 初版 . -- 臺北市 : 今周刊出版社股份有限公司 , 2024.01
272 面 ;14.8X21 公分 . -- (社會心理 ; 40)
譯自 : Help for your nearest people
ISBN 978-626-7266-52-6(平裝)

1.CST: 心理治療 2.CST: 溝通

178.8　　112020262

社會心理 040

我想陪你好好聊傷

人氣諮商心理師的 15 個療癒對話練習

作　　者　伊麗絲・桑德 Ilse Sand
譯　　者　邱思華
總 編 輯　許訓彰
責任編輯　吳昕儒
封面設計　謝佳穎
內文排版　陳姿仔
校　　對　陳家敏、許訓彰

行銷經理　胡弘一
企畫主任　朱安棋
行銷企畫　林律涵、林苡蓁
印　　務　詹夏深

發 行 人　梁永煌
社　　長　謝春滿

出 版 者　今周刊出版社股份有限公司
地　　址　台北市中山區南京東路一段 96 號 8 樓
電　　話　886-2-2581-6196
傳　　真　886-2-2531-6438
讀者專線　886-2-2581-6196 轉 1
劃撥帳號　19865054
戶　　名　今周刊出版社股份有限公司
網　　址　http://www.businesstoday.com.tw

總 經 銷　大和書報股份有限公司
製版印刷　緯峰印刷股份有限公司
初版一刷　2024 年 1 月
定　　價　400 元